江　汉　大　学
武汉市工商管理重点学科
武汉城市圈制造业发展研究中心
武汉市人文社会科学重点研究基地·江汉大学武汉制造业战略与发展研究所

资助

中国制造业创新型人才 生态开发体系研究

李志宏　著

中国地质大学出版社有限责任公司
ZHONGGUO DIZHI DAXUE CHUBANSHE YOUXIAN ZEREN GONGSI

图书在版编目(CIP)数据

中国制造业创新型人才生态开发体系研究/李志宏著. —武汉:中国地质大学出版社有限责任公司,2013.12

ISBN 978 - 7 - 5625 - 3307 - 8

Ⅰ.①中…

Ⅱ.①李…

Ⅲ.①制造工业-人才资源开发-研究-中国

Ⅳ.①F426.4

中国版本图书馆 CIP 数据核字(2013)第 302320 号

中国制造业创新型人才生态开发体系研究		李志宏　著
责任编辑:段连秀	策划编辑:张　华	责任校对:张咏梅
出版发行:中国地质大学出版社有限责任公司(武汉市洪山区鲁磨路 388 号)		
电　　话:(027)67883511		邮政编码:430074
传　　真:67883580		E - mail:cbb @ cug. edu. cn
经　　销:全国新华书店		http://www. cugp. cug. edu. cn
开本:880 毫米×1 230 毫米 1/32	字数:190 千字	印张:7.125
版次:2013 年 12 月第 1 版	印次:2013 年 12 月第 1 次印刷	
印刷:武汉教文印刷厂	印数:1—1 000 册	
ISBN 978 - 7 - 5625 - 3307 - 8		定价:38.00 元

如有印装质量问题请与印刷厂联系调换

目　　录

第一章　导　论……………………………………………………（1）

1.1　选题背景、必要性及其意义……………………………（1）

1.1.1　选题背景 ……………………………………………（1）

1.1.2　选题必要性及意义 …………………………………（2）

1.2　人才开发相关理论及概念………………………………（5）

1.2.1　国内外研究成果综述 ………………………………（5）

1.2.2　相关概念的界定………………………………………（11）

1.2.3　相关概念的关系分析…………………………………（12）

1.3　研究目标、内容、思路和方法……………………………（14）

1.3.1　研究目标………………………………………………（14）

1.3.2　研究内容………………………………………………（15）

1.3.3　研究思路………………………………………………（15）

1.3.4　研究方法………………………………………………（17）

第二章　创新型人才内涵及中国制造业创新型人才生态开发的

　　　　必要性 ……………………………………………（18）

2.1　创新型人才内涵…………………………………………（18）

2.1.1　创新型人才概念的界定………………………………（18）

2.1.2　创新型人才的判断标准………………………………（19）

2.2　制造业人才创新的影响因素……………………………（22）

   2.2.1 人才创新的影响因素 ……………………………… (22)

   2.2.2 人才创新的影响因素分析 …………………………… (23)

  2.3 中国制造业创新型人才生态开发的必要性…………… (25)

   2.3.1 中国制造业创新型人才开发现状 ………………… (25)

   2.3.2 中国制造业转型升级急需创造性成果要求对人才

       生态开发 …………………………………………… (27)

   2.3.3 中国制造业技术发展战略要求对人才生态开发… (28)

第三章　基于脑机制和中国制造业知识体系的个体创造力的

    生态开发 …………………………………………… (32)

  3.1 基于脑机制的个体创造力生态开发体系…………… (32)

   3.1.1 基于创造性思维及能力培养的正规教育体系…… (33)

   3.1.2 基于创造力提升的继续教育体系 ………………… (35)

  3.2 基于中国制造业转型升级核心技术需求的知识体系… (37)

   3.2.1 中国制造业转型升级的内涵 ……………………… (37)

   3.2.2 中国制造业转型升级所需核心技术构成 ………… (40)

   3.2.3 与中国制造业转型升级核心技术匹配的知识体系

       ………………………………………………………… (44)

  3.3 与中国制造业转型升级知识体系匹配的个体创造力的

    生态开发 …………………………………………… (47)

   3.3.1 人才个体特征分析 ………………………………… (47)

   3.3.2 人才个体创造力生态开发法则 …………………… (49)

第四章　中国制造业产业链发展路径下的人才种群 ………… (53)

  4.1 产业链视角下中国制造业产业战略规划状况……… (53)

   4.1.1 十大传统产业 ……………………………………… (54)

   4.1.2 七大战略性新兴产业 ……………………………… (70)

  4.1.3 十大传统产业与七大新兴产业资源的耦合⋯⋯⋯（73）

 4.2 中国制造业产业链发展路径⋯⋯⋯⋯⋯⋯⋯⋯⋯（75）

 4.3 基于中国制造业产业链发展路径的人才种群⋯⋯（76）

  4.3.1 人才种群构成⋯⋯⋯⋯⋯⋯⋯⋯⋯⋯⋯⋯⋯（76）

  4.3.2 人才种群的运行⋯⋯⋯⋯⋯⋯⋯⋯⋯⋯⋯⋯（76）

  4.3.3 人才种群运行的特点⋯⋯⋯⋯⋯⋯⋯⋯⋯⋯（77）

第五章 中国制造业产业链内生模式适配性人才素质模型及

**   人才种群开发**⋯⋯⋯⋯⋯⋯⋯⋯⋯⋯⋯⋯⋯⋯（85）

 5.1 中国制造业产业链内部环境分析⋯⋯⋯⋯⋯⋯（85）

  5.1.1 中国制造业的发展现状迫切要求创新⋯⋯⋯（85）

  5.1.2 中国制造业产业聚集度的国际比较呼吁创新（96）

  5.1.3 中国制造业在全球产业链的低端地位渴求创新⋯（100）

 5.2 中国制造业产业链内生发展模式设计 ⋯⋯⋯（107）

  5.2.1 产业链上企业状况 ⋯⋯⋯⋯⋯⋯⋯⋯⋯（108）

  5.2.2 产业链内生发展模式 ⋯⋯⋯⋯⋯⋯⋯⋯（111）

 5.3 中国制造业产业链内生模式适配性人才素质模型设计

  ⋯⋯⋯⋯⋯⋯⋯⋯⋯⋯⋯⋯⋯⋯⋯⋯⋯⋯⋯⋯（117）

  5.3.1 人才素质内涵 ⋯⋯⋯⋯⋯⋯⋯⋯⋯⋯⋯（117）

  5.3.2 适配性人才质模型 ⋯⋯⋯⋯⋯⋯⋯⋯⋯（119）

  5.3.3 相关概念阐释 ⋯⋯⋯⋯⋯⋯⋯⋯⋯⋯⋯（121）

 5.4 中国制造业产业链内生模式与适配性人才素质模型

  关系 ⋯⋯⋯⋯⋯⋯⋯⋯⋯⋯⋯⋯⋯⋯⋯⋯⋯（124）

 5.5 中国制造业产业链内生发展适配性人才种群模式及

  开发构想 ⋯⋯⋯⋯⋯⋯⋯⋯⋯⋯⋯⋯⋯⋯⋯（125）

  5.5.1 适配性人才种群模式 ⋯⋯⋯⋯⋯⋯⋯⋯（125）

   5.5.2 适配性人才种群开发构想 ·················· (126)

第六章 中国制造业创新型人才生态开发外部环境分析······ (133)

6.1 中国制造业创新型人才生态开发外部服务要素及其

    职能 ·· (133)

   6.1.1 外部服务要素 ···························· (133)

   6.1.2 外部服务要素的职能 ···················· (133)

6.2 全球产业链下中国制造业创新型人才生态开发机会

    与威胁 ·· (134)

   6.2.1 全球产业链对中国制造业人才生态开发的影响···(134)

   6.2.2 中国与主要发达国家人才开发现状比较 ···· (136)

   6.2.3 中国制造业创新型人才生态开发的机会与威胁···(143)

6.3 全球产业链下中国制造业人才生态开发服务要素的

    网络协同 ·· (145)

   6.3.1 人才生态开发服务要素的作用 ············ (145)

   6.3.2 人才生态开发服务要素的网络协同 ········ (147)

第七章 中国制造业创新型人才生态开发影响因子及其评价

    ··· (160)

7.1 创新型人才生态开发维度 ···················· (160)

   7.1.1 开发内容 ································· (160)

   7.1.2 开发途径 ································· (162)

7.2 创新型人才生态开发影响因子及其评价 ········ (166)

   7.2.1 创新型人才生态开发影响因子指标体系建立 ··· (167)

   7.2.2 创新型人才生态开发影响因子评价 ········ (168)

7.3 创新型人才生态开发影响因子评价结论 ········ (172)

第八章 中国制造业创新型人才生态开发体系及其运行机制
………………………………………………………… (179)

8.1 创新型人才生态开发体系 ……………………… (179)

8.2 创新型人才生态开发体系运行机制 ……………… (179)

8.2.1 动力机制 ……………………………… (182)

8.2.2 评价机制 ……………………………… (183)

8.2.3 分配机制 ……………………………… (185)

8.2.4 激励机制 ……………………………… (186)

8.2.5 流动机制 ……………………………… (188)

8.2.6 反馈机制 ……………………………… (190)

8.3 创新型人才生态开发体系运行机制的联动 ………… (191)

8.4 创新型人才生态开发体系机制的运行规律 ……… (194)

8.4.1 梯度流动律 …………………………… (194)

8.4.2 "木桶"定律 …………………………… (199)

8.4.3 自适应律 ……………………………… (202)

参考文献…………………………………………………… (208)

第一章 导 论

1.1 选题背景、必要性及其意义

1.1.1 选题背景

"转型升级,提高产业核心竞争力"①的命题是中国政府为适应市场需求变化,利用先进技术,优化产业发展结构,节能清洁生产,提高中国产业在全球产业体系中的竞争力和地位提出的。制造业作为中国产业体系中的核心部分,其作用和地位举足轻重。因此,"转型升级、结构调整将是未来十年中国制造业的主旋律"②。中国制造业转型升级的成功离不开与之匹配的高效的具有创造性的创新型人才队伍。

随着经济全球化进程加快,创新型人才争夺已成为各国和各个地区发展的当务之急,谁拥有一流的创新型人才,谁就抢占住了发展的制高点。在全国科学技术大会上,党中央提出"加强自主创新,建设创新型国家"的重大战略。加强自主创新,建设创新型国家,关键是人才,重点是创新型人才。发达国家把争夺创新型人才特别是高层次创新型科技人才作为国策。如美国取消对高科技人才的非移民签证名额限制,凡被美国高校、学术研究机构聘用和取得美国博士、

①资料来源:www. news. cn.摘自《中华人民共和国国民经济和社会发展第十二个五年规划纲要》.新华社,2011 年 3 月 16 日

②朱森第(中国机械工业联合会专家委员会).未来十年中国制造业的发展.第四届中部六省人才论坛,2010 年 9 月 6 日,长沙

硕士学位者,都不受配额限制,并允许签证者自由调换工作;英国对高技能人才推行"高技能移民计划(HSMP)",放宽对高科技人才及其家属的永久性居留权许可证条件,等等。

为了培养和造就一大批能够引领社会进步、科技发展和参与国际竞争的创新型人才,中国中央政府制定了《国家中长期人才发展规划纲要(2010－2020 年)》(以下简称《纲要》)。《纲要》提出要"探索并推行创新型教育方式方法,突出培养学生的科学精神、创造性思维和创新能力";同时,还提出"建立学校教育和实践锻炼相结合、国内培养和国际交流相衔接的开放式培养体系"。《纲要》精神一方面反映社会发展对创新型人才的强烈需求,另一方面反映创新型人才的获得取决于对人才全方位与多角度的开发。创新型人才的开发是一项系统工程,既有完整的开发体系,"体系"本身的运行又具有内在固有的规律,尊重人才开发规律,按人才成长与成才客观规律办事,则能取得事半功倍的效果;违反人才开发规律,拔苗助长或盲目随从,只能浪费资源与精力,结果事倍功半。

鉴于全球对人才争夺的激烈性、我国制造业转型升级式发展对创新型人才的迫切需求以及创新型人才开发的内在规律,本书将站在生态开发角度,对中国制造业创新型人才生态开发体系展开全面深入研究,以期为人才开发科学化、规范化、有序化和有效化提供参考,从而增加中国制造业对创新型人才的吸引力和凝聚力。

1.1.2 选题必要性及意义

制造业是中国经济与社会发展的支柱,中国制造业的转型升级是产业发展到一定时期的历史必然,也是当今全球市场竞争急速加剧及环境资源与能源日益枯竭的迫切需求。对中国制造业创新型人才生态开发体系的研究,正是为适应中国制造业转型期面临的这一现实要求提出的课题。中国是新兴崛起的发展中国家,中国制造业经过几十年的以消耗资源与能源为主的粗放式发展方式,在资源能源不断减少、竞争激烈的时代背景下已无以为继,向以节约资源能源及环保的内涵式发展方式转变是中国制造业发展的唯一选择。"转型"意味着"改变","改变"意味着破旧立新,"破旧"意味着对现有的已成定势的生产经营方式的摒弃,这本身就是一件很艰难的事。还要"立新",用改变了的或全新的生产经营方式替代已经习惯了的生产经营行为,存在众多不确定因素或风险,不论在技术,还是在制度与管理和人为方面,都会遭遇无法预测的障碍和危险,任何一家制造企业都不会贸然行动,除非企业自身具备了很强的能随市而变的创新能力。中国制造业转型能否成功,"创新"是关键。"创新"是人才的创造性劳动,与其说"创新"是中国制造业创新的关键,不如说创新型人才是实现中国制造业成功转型的瓶颈。因此,尽快建设一支具有全球视野和战略思维、具有较强技术创新和经营管理能力创新的人才队伍,是当前中国制造业人才工作和教育工作的重大主题和历史使命,也是中国增强自主创新能力,建设创新型国家的现实要求。

"两型社会"即"资源节约型和环境保护型"建设是中国的重要战略目标,更是中国制造业应该倾力达到的目标。"两型社会"建设的本质是要走出一条资源消耗低、环境污染少、要素集聚能力强、产业布局和人口分布合理的新型城市化道路,转变整个社会的经济发展方式,促进经济与人口、资源、环境协调发展。制造业在"两型社会"建设中是重点,因为中国经济发展需要现代制造业做支撑,所以传统制造业的转型升级关系"两型社会"建设的成功与失败,中国制造业转型升级式的发展急需开发大批创新型人才:创新型技术技能人才、创新型管理人才、高层次创新型科技领军人才和创新型商业服务人才。因此,建立创新型人才生态开发体系并促进其有效运行,也是建设"两型社会"的迫切需要。

创新型人才生态开发体系的研究是人才学理论及学科建设进一步发展的需要。目前,学术界对人才的研究,关注更多的是一般人才个体成长的本质与规律以及人才成长的内外因与考核的公平性等主题,对我国制造业创新型人才的培养与开发展开系统全面动态的研究还有待进一步探索。

本著作的完成不论在人才开发研究的理论体系与学科建设,还是在研究结论的影响力等方面,都具有一定的学术价值。

(1)推进了人才开发研究理论的创新。本著作在吸纳经济学、教育学和管理学等多种学科理论基础上,提出了人才生态开发的概念并界定了其内涵,并按照生态学原理构造人才生态开发体系各要素之间的逻辑关系,这将有助于推进人才开发研究的理论创新与发展。

(2)赋予了人才学学科建设有实际意义的研究内容。本著作关注中国制造业产业发展对先进技术与知识的迫切需求,构造与制造产业转型升级相适应的知识体系,为人才开发研究明确了有价值的开发内容,这将对人才学学科建设有一定的参考价值。

(3)研究目标的基础性将增强研究结论的理性和长效性。本著作旨在探讨创新型人才和人才种群产生、成长及衍生的本质特征和运行规律,在此基础上设计中国制造业创新型人才生态开发体系,并进一步研究该体系各组成部分之间和各部分内部元素之间的逻辑关系、运行机制与相互联动。为此,本著作通过详细研究中国制造业人才开发的有关事实,深入剖析蕴藏于事实背后的本质特征,以事明理,使其研究结论更具启发性并产生举一反三的长久影响力。

专栏 1-1　专家:人才结构的调整是制造业转型的根本

【中国电子商务研究中心讯】"传统产业要向新兴产业转型升级,人才是根本。"2010年5月26日,国家发改委宏观经济研究院副院长陈东琪在接受记者采访时表示,人才结构的调整对于地方转型升级具有特殊的意义。

在国务院批准实施的《长江三角洲地区区域规划》中指出,长三角地区作为中国经济最具活力、发展水平最高、竞争力最强的发展区域,这一次将承担起率先转型升级的重大历史使命。

转型,是后工业时代的发展趋势,但是如何转呢? 陈东琪认为,加快转型升级要增大人力资本投入,要注重需求导向,要将传统产业与信息化结合,将传统产业资本集中度提高,大幅提升电子商务对制造业服务的强度以降低物流成本,同时还要将产业转型与资源节约型经济和环境友好型经济相结合,提升绿色制造业水平。

在这些建议中,陈东琪认为,归根到底还是要进行人才结构的调整。"人才是技术进步的根本,是第一竞争力。"他强调企业要利用好自身的人力资本,增加人力资源投入,加强产学研结合的水平,利用高校中优秀人才的资源助推产业的转型升级。

资料来源:中国新闻网.文/周昕,本文转载自中国电子商务研究中心:http://www.100ec.cn/detail-5180593,2010-05-27.中国电子商务研究中心

1.2 人才开发相关理论及概念

1.2.1 国内外研究成果综述

1.人力资本理论

国内外学者对人才资源的开发已给予了广泛而深入的研究。费雪在1906年发表的《资本的性质与收入》一文中首次提出人力资本的概念,并将其纳入经济分析的理论框架中。20世纪60年代,舒尔茨、贝克尔、明赛尔等从不同角度对人力资本进行了论述。舒尔茨第一次系统提出了人力资本理论,进一步研究了人力资本形成方式与途径,定量研究了教育投资的收益率以及教育对经济增长的贡献,因此,他被公认为"人力资本之父"。贝克尔对人力资本与个人收入分配的关系进行了系统研究,弥补了舒尔茨只分析教育对经济增长宏观作用的缺陷。雅各布·明赛尔将人力资本投资与收入分配联系起来,提出了人力资本收益模型,同时还研究了在职培训对人力资本形成的贡献。人力资本理论从经济学角度研究人力资本定义、形成及投入与回报,强调人力资本投资是生产性且回报率更高的投资;人力资本投资具有多样性,而教育是众多投资中的核心。人力资本理论

从必要性与路径等方面为研究人才资源开发开辟了先河。

2. 人才个体开发理论

美国耶鲁大学的组织行为学教授奥德弗提出了 ERG 理论,该理论将人的需要划分为三个层次:生存需要(Existence)、关系需要(Relation)和成长需要(Growth)。为了满足自我需要,人们会追求一种能满足需要的环境,从而不断驱使个人进行自我开发。

20 世纪 70 年代,中国一大批专家学者从研究内容及视角上对人才个体成长与发展给予了广泛而深入的关注。国内学者如王通讯、叶忠海、赵永乐(望山)、罗洪铁、裘克人、钟祖荣、杨敬东、叶仁荪等从人才的定义、本质、人才成长规律、人才成长内外因以及人才市场等方面展开了大量研究,为中国人才学理论体系的建立做出了突出贡献。如王通讯、雷祯孝和罗洪铁等学者在人才定义和本质方面强调人才的"创造性""创新性""先进性""时代性""时效性"及"层次性",对人才的本质属性给予了全面而科学的定义,"创造性"和"创新性"突出了人才劳动的开创性;"先进性"强调人才劳动必须能促进社会和人类的进步;"时代性"和"时效性"强调人才劳动成果服务于特定历史时期;"层次性"则突出反映了科学人才观的思想,不同层次的人才在各自的工作岗位上都能创造价值,只是能力大小与贡献程度不同而已。上述研究成果为本书在分析创新型人才开发体系及其运行机制时提供了基本理论依据。

王通讯和杨敬东等教授分别关于人才成长的"内在因素"与"潜人才"等方面的观点和叶中海教授的人才成长内外因综合效应论,对人才的自我开发、"潜人才"与"显人才"的转化以及人才成长的内外部因素展开了深度研究,为本书在研究人才能力、组织学习与对人才进行知识管理等体系提供了理论支持。

3. 人才群体开发理论

国内学者对群体的研究主要从群体构成、人才资源能力以及群体管理等方面分析群体关联性及其工作效率的影响,他们认为群体必须选出领军人才,各个成员应该合理配置,人才资源的能力只有在科学的管理手段下才能得到充分发挥。国外学者则从群体规模、结构、规范和动力等方面分析其工作效率的影响,如韦伯尔和罗宾斯等认为 5～11 人构成的群体规模工作效率最为有效;Ostrom 和 Sedikides,Park 和 Loftus 等学者认为工作单纯且具有连锁性,同质结构的群体具有更高的工作效率,而工作复杂且具有创造性,异质结构的群体工作效率更高;梅奥的霍桑实验则通过建立一套群体规范来保持群体稳定的工作效率;德国心理学家勒温提出了群体动力说,认为群体动力是群体内部力场和情景力场的函数;瑞琼曼(Ringelman)通过拉绳实验得出结论:群体活动的整体效果不等于个体活动效果之和,大于时则为正协同效应,小于则为协同负效应;美国心理学家特里普利特(M Triplett)从社会助长角度研究竞争,发现竞争条件下群体成员的工作效率有很大程度提高;心理学家沙赫特(Schachter)研究证明,仅仅靠群体的内聚力,不一定提高生产效率,只有加上积极的诱导,才能有助于生产效率的提高。

4. 人才创造力开发理论

中国学者王极盛等从心理学角度提出了"创造力过程说",认为灵感是人类创造性过程中神奇的心理现象。该学说有助于我们更好地认识创造性思维进程,并对创造活动做深入细致的研究。熊川武等学者提出了创造力思维的"信息转化说",该学说虽然侧重于转化,但它以万事万物间的联系为认知基础,通过发现和利用新关系来产生创造性产品,这与国外学者关于"创造力联结说"的观点一脉相承。美国心理学家吉尔福德等提出了"创造力能力说",该学说认为个人的创造能力是个人发散思维的外部表现形式,这对中国传统的过于关注标准答案的人才开发方式是一种挑战,也对本课题个体创造力的开发研究给以启迪。心理学家格鲁伯和鲁巴特提出了"创造力产物说",格鲁伯等(Gruber and Wallace,1993)认为:"创造性是新颖和价值的统一体。具有创造性的产品应该既新奇,又有价值","产物说"体现了对创造力功用的重视。以上学者从不同角度揭示了创造力的本质特征:新颖性、独特性、价值性和目的性。斯滕伯格在上述研究基础上,又提出了创造力三维模型理论,即创造力由智力、智力方式和人格三个维度组成,该理论更重视通过技术手段揭示创造性相关因素之间的关联性,增加了创造力研究的可操作性。马斯洛(A H Maslow)的《人的潜能与价值》(1987)、皮尔托(J Piirto)的《创新的特质与灵感》(2003)及斯腾伯格(R J Sternberg)的《创造力手册》(2005)等理论,从心理学角度对人才创造力和创新等展开了研究,扩展了中国人才理论研究的新领域,也为本书在分析创新型人才开发体系及其运行机制提供了依据。

5.人才管理开发研究

叶仁荪教授提出的"人才作用的有效发挥有赖于两个'公平',即考核的公平性与报酬的公平性的实现"的观点,以及他在人才配套服务如子女就学和家属安置等方面的研究,对本书研究人才薪酬和激励政策等管理开发体系具有重要参考价值。

20世纪80年代后期,罗默(Paul Romer)和卢卡斯(Robert Lucas)等提出了新增长理论,从教育与现场培训管理角度研究人才资源的开发;同时,认为生产要素包括资本、非技术劳动、人力资本和新思想。该理论把思想创新作为生产要素,显示了其重要性;还认为教育对人才开发很重要,而实践和"干中学"也是获得知识和技能的重要手段,弥补了人力资本理论的不足,拓展了人才资源开发的途径。

20世纪80年代末90年代初,世界银行发表了两份报告即《南撒哈拉非洲:从危机走向可持续增长》和《治理与发展》。"报告"强调国家、公民社会与市场间要建立积极的互动关系,发展各自优势,弥补对方的不足。这些为本书建立新型的人才资源开发机制提供了思路:政府要为人才资源开发提供包括政策法律在内的制度保障和激励,并承担主要的投资;人力资源配置要依靠市场,保证人才流动的通畅;公民社会要为人才的成长提供良好的社会环境,使人才能回归社会、服务社会。在全球层面上,人才要懂得国际规则,能够参与到全球治理之中。"治理型人才"或"领导型人才"影响和决定各个领域全球规则的制订,主导全球治理秩序的形成。该理论为人才开发与外部环境的联动以及领军人才的管理开发提供了支撑。

6.人才流动开发理论

南京大学商学院赵曙明等的人力资本流动理论认为,从全社会的角度来看,人才流动是优化资源配置、开发人力资源的必然要求。此外,有些学者提出了两种机制即"市场机制+行政机制"运作理论,该理论强调以市场机制为基础,同时积极发挥行政机制的作用。该理论认为人才无论向哪个地区、哪个产业、哪个部门流动,前提是那个地区、产业或部门必须有足够的"人才吸纳能力",否则就只有通过"市场机制+行政机制"培育该产业、地区或部门的人才吸纳能力,从而调整所需人才的数量与质量。人才流动及"机制"理论为本书研究创新型人才开发环境具有指导作用[①]。

美国学者卡兹(Katz)在研究科研组织时绘制出了卡兹曲线。卡兹曲线表明,在一年半到五年期间里,一个科研组织的成员在一起工作相处的时间,信息交流的水平是最高的,获得的成果也最多。一年半以内或超过五年,成员之间沟通就会减少,反应迟钝,解决的办法是通过人才流动对组织进行改组。这一研究结论说明开放性的环境对人才创造性劳动的必要性。

美国学者库克(Kuck)对人员创造力的发挥进行了研究,他根据对研究生参加工作后创造力发挥情况所作的统计绘制出了创造力发挥程度曲线,提出了库克理论。该理论认为,为激发研究人员的创造力,及时变换工作部门和研究课题是应该的,因为人的一生就是在不断开辟新工作领域的实践中,来激发和保持自己的创造力。该理论告诉我们,人才流动是人才创新开发的重要途径。美国经济学家科林·克拉克在吸取前人研究成果基础上,提出人才资源在不同产业

---

①来源:中国论文下载中心[09-01-13].作者:王福波.编辑:studa20,www.studa.net

间的分布比例变化规律是:第一产业人力、人才资源所占比重不断降低;第二产业人力、人才资源所占比重不断上升;第三产业人力、人才资源所占比重终将超过第一、第二产业。该理论反映了人力、人才资源在第一、第二、第三产业之间的梯次转移规律,并为世界发达国家人力、人才资源演变的历史所证明。该理论对本书研究制造业在向服务型制造转变过程中创新型人才的流动趋势提供了支撑。

7. 人才能力与绩效开发理论

阿玛蒂亚·森提出了能力建设理论。该理论认为应该从功能和能力角度理解人的发展:功能是每个人都应该具有的,其实现需要得到能力的支持;能力指能使功能得到发挥的力量。能力理论强调人才开发的焦点是能力,目标是使人才潜力及创造性得到充分挖掘。该理论体现了人才开发开始步入以人为本的内涵式发展轨道。

布迪厄、罗纳·伯特、亚历山德罗·波茨、帕特南等提出了社会资本理论。该理论强调如何改善团体、组织、共同体甚至国家的集体行动效果,力求使个人与制度形成良性的互动关系,既能发挥个人对社会的贡献,也能改善和提高制度的绩效。Ruan Guoxiang 等认为社会资本和社会认知对团队知识转移绩效影响较大,知识转移和知识共享是创新的前提。这一结论深化了社会资本的研究。社会资本理论强调人才资源开发与人才成长内部环境互动的重要性,丰富了人才开发的领域。

8. 人才生态系统研究

近年来,沈邦仪、黄梅和吴国蔚等学者对人才生态系统展开了研究。沈邦仪教授站在生态学的角度,探讨了人才生态运动的规律、人才与生态和谐发展、内生态与外生态等问题。黄梅和吴国蔚就人才生态系统、人才生态链形成机理、人才结构优化等问题进行了探讨,认为人才生态链管理是一种由整体观、互动观、平衡观、循环观、资源观作为支持的系统管理方法。孙志伟和杜恒波以胶东半岛制造业基地为例,研究人才资源生态环境。李锡元和查盈盈对人才生态环境评价体系及其优化进行了研究。唐承林和顾新就知识网络的种群展开研究,并建立了相应的种群生态学模型。张子良认为人才与产业的有机融合是促进人才聚集的重要条件;赵光辉认为人才结构与产业结构互动符合人才资源流动的"推力-拉力"规律;沈维涛认为发展中国家通过推动从人才链到产业链的战略引导,完全可以实现某些比较优势产业的跨越式成长。众多学者对人才生态和生态环境及其运行机理给予了广泛关注。

综观上述研究,我们可以看出,人才资源的开发经历了一个从人才开发方法、对象、内外部环境等外延式研究到人才能力开发、人才生态及其内外生态环境等内涵式研究的发展过程,但对中国制造业创新型人才的生态开发研究还未形成系统,因此,本著作将致力于中国制造业创新型人才生态开发体系及其运行机制的研究。以上学者的研究结论为本著作研究提供了理论依据和现实可能性。

1.2.2 相关概念的界定

1.人力资源

人力资源(Human Resources,HR)是指一定时期内组织中的人所拥有的能够被企业所用,且对价值创造起贡献作用的教育、能力、技能、经验、体力等的总称。

2.人力资市

通过教育、培训、保健、劳动力迁移、就业信息等获得的凝结在劳动者身上的技能、学识、健康状况和水平的总和。

3.人才资源

人才资源是指具有一定专业知识或专门技能,进行创造性劳动并对社会做出贡献人群的总称。它具有"创造性""先进性""时代性"及"层次性"。它是人力资源的核心组成部分。

4.人才生态开发体系

它是指人才培养和人才队伍建设中,人才所掌握的信息、技术和知识等能量共享与转换的系统。它可以是人才个体因环境需求的变化和新的知识、技术和信息等资源的吸纳,对自身原有资源进行的否定之否定的能力提升体系;还可以是人才个体与其他个体在知识、信息等资源共享和传承过程中个体或群体能量得到增加的系统。该系统由人才个体开发、人才种群开发及人才生存与成长环境等构成,系统具有自适应性、整合性、转换性、共生互利性、互补性以及系统运行的开放性和成长性等特性。

5. 人才种群

在一定的时空范围内同时生存与发展的以专业或层次为标准区分的同类人才群体。

6. 人才生态开发的外部环境

人才种群生存与发展的地理、经济、政治、政策、人文、体制和制度等要素的协同作用所构成的体系。

7. 人才生态开发

"人才生态开发"是指在遵循个体创造力形成与发挥规律和群体知识、信息、能力等能量传递特点基础上对创新型人才资源进行的可持续发展的发掘过程。它突出开发人才的成长性、发展性、创造性以及人才开发的可持续性和生生不息性。

1.2.3 相关概念的关系分析

1. 人力资源与人力资本

人力资源和人力资本研究对象都是人所具有的脑力和体力,从这一点看两者是一致的。但两者在研究问题的角度、计量形式以及与社会价值关系等方面又具有一定差异性。首先,从研究视角看,人力资源从投入产出的角度将人所拥有的脑力和体力作为财富的来源,重点研究作为资源的人的脑力和体力对经济发展的贡献;人力资本从成本收益的角度来研究人在经济增长中的作用,强调投资所付出的代价及投资回报,关注的重点是收益问题。其次,从计量形式看,人力资源指一定时间和空间内能够被组织所利用的人所具有的对价值创造起作用的体力和脑力的总和,是个存量概念;人力资本指投入到教育培训、迁移和健康等方面的并凝结在人身上的资本,这种资本能在实践活动中不断涨落,具体表现为经验的不断积累、技能的不断增进、产出量的不断变化和体能的不断损耗,既是个存量概念又是个流量概念。从与社会价值关系看,人力资源作为一种独立的生产要素,与其他生产要素如土地、资本等直接参与社会价值的创造;凝结在人身上的人力资本不能独立存在,只有通过人的劳动才能体现其价值大小,其价值水平发挥的高低决定社会价值创造的多少。人力资源和人力资本的联系主要表现在:人力资源是人力资本的载体,人力资本是人力资源的内核。

2. 人力资源与人才资源

人力资源是指一定时空内能被组织使用的人所具有的对价值创造起作用的体力和脑力的总和。人才资源是指一个国家或地区具有较多科学知识、较强劳动技能,在价值创造过程中起关键或重要作用的那部分人。人才资源是人力资源的一部分,即优质的人力资源。人力资源与人才资源之间是总体与部分的关系。

专栏 1 - 2　　　　　　产业结构升级改变人才生态

世界各国的经济发展表明,产业结构的优化与升级必然会带来劳动力需求结构和技术结构等出现一系列变化,引起劳动力就业产生新的组合,其对劳动力需求结构的影响更多地表现在对各层次劳动力需求比例的变化上。

在制造业转型过程中,对于人才的需求将会呈现出三种特点:首先,产业结构升级需要高技能、高素质的人才。产业结构升级意味着"劳动密集型"产业将逐步向"技术密集型"产业转变,只有吸引大量的高素质、高技能人才的加盟,产业结构升级才能成功。第二,产业结构升级呼唤创新型人才。产业结构升级归根结底也就是为了抢占科技制高点,这必然需要大量的有创新意识的各类人才。第三,产业结构升级青睐有发展潜力领域的专业人才。生物技术、以信息为主导的高技术、新材料科学领域、新能源及相关技术开发领域、空间技术、海洋技术与海洋资源开发等将是产业结构升级的方向,由此会产生对相应专业人才的大量需求,这类人才将有广泛的用武之地,也将更好地促进社会良性发展。

产业结构升级还会引发一连串的连锁反应:大学将相应调整专业结构、大学生就业环境将随之改善、资源浪费将随之降低、环境负荷将随之减小,等等。

职业转型:先知先觉者更容易成功,比别人先知先觉到环境的转变并行动起来的职场人更有可能获得成功。

要想实现职业的成功转型,首先要看准行业发展趋势,比如选择发展快、人才紧俏的行业,这样的缺口往往造就人们职业生涯的空间。在这类行业中,传统行业中的专业型、经验型的人才尤其受重视。

二是要充分发挥原有优势。为了尽可能避免转型过程中的"阵痛",职场人首先要认清自身的优势和劣势,尽量能在自身的特质及行业个性、原有的行业经验、人脉资源、个人兴趣、能力倾向等之间找到一个最佳的契合点。

三是务必提前一步做好"转型"准备。职业人在决定"转型"之前都要清楚自己是否已经做好了充分准备,过去的积累是否能助你一臂之力?

资料来源:中国缝制设备网.作者:明月,2008-07-11

1.3 研究目标、内容、思路和方法

1.3.1 研究目标

一是探讨中国制造业急需的创新型人才和人才种群产生、成长及衍生的本质特征和运行规律;二是设计中国制造业创新型人才生

态开发体系,并进一步探讨"体系"的运行机制和规律。

1.3.2 研究内容

中国制造业创新型人才生态开发体系研究主要包括对以下课题的探讨:

一是基于大脑创新思维和制造业转型升级所需知识体系的个体人才的生态开发;

二是中国制造业产业链路径下的人才种群及其运行、产业链适配性人才素质模型和人才种群模式及开发的研究;

三是中国制造业创新型人才生态开发外部环境研究;

四是中国制造业创新型人才生态开发影响因子研究;

五是在上述研究基础上,构建中国制造业创新型人才生态开发体系,并探究其运行机制及规律。

1.3.3 研究思路

本专著主要以中国制造业创新型人才生态开发为视角,在对基于脑机制和制造业转型升级知识体系个体创造力研究的基础上,提出了个体人才生态开发法则;在对制造业产业链内生发展模式及其适配性人才种群等主题研究的基础上,提出了人才种群生态开发的构想。为了探讨中国制造业创新型人才生态开发体系及其运行机制,本著作进一步对人才生态开发的外部环境展开分析,对影响制造业人才创造力发挥的要素进行全面梳理,并解剖主要影响因子在人才创新业绩提高中的权重差异,评价这些要素在人才生态开发中的相对重要性。整合上述研究,本著作构造了中国制造业创新型人才生态开发体系,并设计了该"体系"的运行机制,提炼出了"体系机制"的运行规律。

研究的技术路线构建如图 1-1 所示。

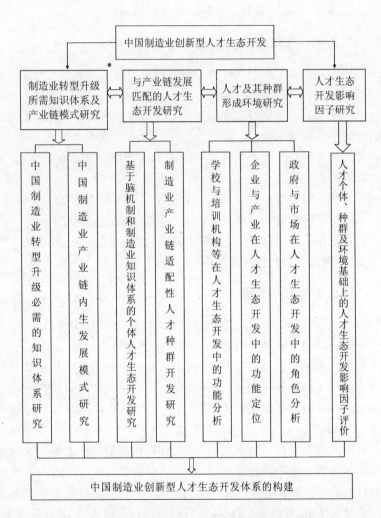

图 1-1　中国制造业创新型人才生态开发体系研究的技术路线

1.3.4 研究方法

本成果的研究主要采用了下列方法：

(1)文献研究法，如国内外研究成果文献综述、国家产业发展战略规划的解读等；

(2)比较研究法，如中国制造业与世界主要发达国家制造业产业聚集度的比较、中国与主要发达国家人才开发的比较；

(3)交叉研究法，如产业经济学与人才学的交叉研究探讨人才的梯度流动规律、人才学与生态学的交叉研究探讨人才种群的运行特征等；

(4)探索性研究法，如对创新型人才生态开发体系及其运行机制的研究；

(5)定性分析法，如中国制造业产业链适配性人才素质模型及创新型人才生态开发外部服务要素职能与作用的分析等；

(6)定量分析法，如中国制造业产业聚集度和人才开发的国际比较等；

(7)定性和定量相结合的方法，如评价创新型人才开发时采用的模糊层次分析法；

(8)调查法，本课题调研在 2010 年 7 月到 8 月进行，抽样调查了湖北省内 112 家制造企业，发放调查问卷 112 份，回收有效问卷 95 份；先后在武汉、荆州和襄樊等地召开座谈会 16 次，参会企业数 62 家。2010 年 10 月，作者参与了在湖南长沙举行的"第四届中国中部崛起人才论坛"。在此调研基础上，形成了该专著的理论雏形。

第二章 创新型人才内涵及中国制造业创新型人才生态开发的必要性

2.1 创新型人才内涵

2.1.1 创新型人才概念的界定

创新型人才,是指在一定的知识结构和前人或他人已经创造成果基础之上,能将自身的创新素质合理地与其专业领域相结合,有新的发现并能想出新的办法,提出新的见地,建立新的工艺,创造新产品的人才。他们具有较强的创新能力,创造性成果的生产是他们劳动的结晶。创新型人才具有以下四项基本特征:

(1)想象力丰富,善于思考和设计。想象力是一种心理活动,想象力丰富的人能对不在眼前的事物勾勒出具体的形象,通过对已有材料进行加工、配置和组合,创造出新的产品。想象是创新的前奏,没有想象力,一切创新活动都无法展开。

(2)具有鲜明的个性和独特的思维方式。创新型人才鲜明的个性和特有的思维方式使他们敢于冒险,挑战未知领域,能够发现常人难以发现的问题并有能力找到解决问题的方法。

(3)目标坚定,坚忍不拔,成就动机高。创新型人才把探索未知作为乐事,有很强的创新内驱力和很高的成就欲望,这种驱动力和成就欲望又激发了他们挑战风险和战胜困难的勇气。他们不畏艰险,不怕挫折,把艰难和挫折当做是对自己意志的考验与磨砺,在失败面前他们能够变挫折为前进的动力,不断调整行动目标,将战胜困难作为一种快乐。

(4)学习性人生是创新型人才的目标。学习性人生是指在人的一生中,能随时间、环境的变化以及社会的需求,不断调整自己的学习方向,主动适应环境的一种发现问题、分析问题和解决问题的能力,这种学习能力具有自主性、探索性和创新性,是一种挖掘和开发自我潜能的学习,具有很强的求知求解的欲望。

2.1.2 创新型人才的判断标准

创新精神和创新能力是创新型人才的本质特征;同时,创新型人才还具有灵活、开放、好奇、精力充沛、韧性、注意力集中、想象力丰富和冒险等精神。创新型人才的判断标准,国内外有多种观点。国内代表性的观点有以下几种:

(1)能力观。能力观认为独创性,即能够提出、分析和解决问题,开创事业新局面,对社会物质文明和精神文明建设做出创造性贡献是判断创新型人才的重要标准。具有创造性能力的人一般基础理论坚实、科学知识丰富、治学方法严谨,勇于探索未知领域和具有为真理献身的精神和良好的科学道德。他们在继承人类优秀文化遗产基础上致力于最新科学成果的创造与开拓。

(2)素质观。素质观强调进取与开拓精神,强调永不满足的求知欲、永无止境的创造欲望、强烈的竞争意识、独立完整的个性品质和高尚情感等。

(3)科学人才观。新时期新背景下,以胡锦涛同志为核心的中央领导集体提出了"科学人才观"。指出"人才存在于人民群众之中。只要具有一定的知识或技能,能够进行创造性劳动,为推进社会主义物质文明、政治文明、精神文明建设,在建设有中国特色社会主义伟大事业中做出积极贡献,都是党和国家需要的人才。要坚持德才兼备原则,把品德、知识、能力和业绩作为衡量人才的主要标准,不唯学历、不唯职称、不唯资历、不唯身份,不拘一格选人才。鼓励人人都做贡献,人人都能成才"。

国外对创新型人才的研究,既注重人才个性的发展,又注重人才创新意识、创新精神、创新思维、创新能力的开发。19世纪英国教育家纽曼就提出,"学会思考、推理、比较、辨别和分析,情趣高雅,判断力强和视野开阔"是人才开发的目标;牛津大学校长 C 鲁卡斯认为创新要有很高的技术,非常宽的知识基础,有很强的个人责任感、革新能力和灵活性。个人能够不断地获取新的技术以适应创新的需要,这是人才培养的准则。世界 21 世纪教育委员会于 1996 年提出了判断创新型人才的七条标准,即积极的进取开拓精神、崇高的道德品质和对人类的责任感、有较强的适应能力和创造能力、宽厚扎实的基础知识和广泛联系实际与解决实际问题的能力、适应科学技术综合化的发展趋势并具有终身学习的本领、多样化的个性、与他人协调并进行国际交往的能力。

国内外对创新型人才判断标准的论述观点甚多,但核心标准可以概括为以下几点:

一是创造性个性。个性的独立自由发展是创新型人才成长与发展的前提,是创造型人才必须具备的内生特质,模式化或被套以种种条条框框的一个模子里培养出来的人不可能成为创新型人才,因为它会把千姿百态的个性磨蚀成单调划一的所谓的标准型的偶像,特立独行的个性则被视为另类或乖僻,所以要开发创新型人才,首先应该允许个性的存在与发展。

二是创造性思维。创造性思维是创新的基本前提,主要指思维方式的独创性、灵活性、新颖性和前瞻性等,这样的思维方式能保证在对事物进行独辟蹊径地分析、综合、判断和推理。

三是思维活动必需的知识。个性和思维还只是为创造性活动提供了平台或创造的本体,本体离开创造性活动必备的物质材料则无法加工出创新性产品,这些物质材料就是相关的基础知识和专业知识。因此,创新型人才必须具有深厚而扎实的基础知识,了解相邻学科及必要的其他学科知识;同时,还要精通自己专业知识,掌握所从事学科专业的最新科学成就和发展趋势,这是从事创新研究的必要条件。

四是真知灼见的洞察力。敏锐的观察能力、深刻的洞察能力、见微知著的直觉能力和一触即发的灵感和顿悟,能将观察到的事物与已掌握的知识联系起来,发现问题,在貌似千差万别的事物之间找到必然联系,发现事物的真谛,在寻常中求得不寻常的规律。例如苹果落地使牛顿创立了"万有引力"说,带细齿的野草划破了鲁班的手指使他发明了锯等事例,都证明了真知灼见的洞察力在创造性活动中的重要作用。

五是坚忍不拔的毅力。创造性活动要探索未知领域或对已知领域进行破旧立新,是个充满各种艰难险阻的过程与历练。所以,创造性人才必须具有过人的胆识和坚忍不拔的毅力,具有锲而不舍,遭到阻挠和诽谤不气馁,遇到失败不退却,不达目的不罢休的精神。如居里夫人凭借这样的毅力,发现了新的化学元素:镭。

六是身体力行和严谨务实的工作态度。创造性活动的成功离不开严谨求实的工作作风,创新实践必须遵循科学,依据事物的客观规律进行探索,任何的空想和有悖于自然规律的行为都无法得到客观科学地反映事物本来面目的结论;否则,即使得到某种结论,也会受到自然法则的惩处。

七是健全的身心是创造性活动的保障,健全的身心素质指健康的体质与健康的心理。"身"即思维之所托,"心"即人格、人品和道德等,是立"身"之本。"君子务本,道由之生"。这里所说的"德",指创新型人才的活动必须以造福社会和人类为己任,能明辨是非,让自己的创造性劳动给社会、自然和人类带来福祉。

八是创造性成果或业绩的先进性与时代性。"先进性"强调人才劳动成果必须能促进社会和人类的进步;"时代性"强调人才劳动成果服务于特定历史时期。而且,这样的成果或业绩具有可衡量性、效率性与效益性,将它用于实践,不但能指导实践,而且能产生良好的社会和经济效果。

2.2 制造业人才创新的影响因素

2.2.1 人才创新的影响因素

从表 2-1 得知,企业影响人才创新成功的因素主要包括有创新精神的企业家、充足的经费支持、高素质的技术人才、员工对企业的认同感、企业内部的激励措施、有效的技术战略或计划、畅通的信息渠道、可靠的创新合作伙伴以及优惠的政策扶持等。诸因素中,不论是规模以上工业企业还是制造业企业,有创新精神的企业家和高素质的技术人才,在产品或工艺创新企业中的比例都在 50% 以上,这说明企业创新要获得成功,必须要具备高素质或能力强的技术人才和具有开拓进取精神的领军人才。其次,技术战略或计划、经费支持以及员工对企业的认同、内部激励措施和顺畅的信息沟通渠道,对保障和激发员工创造性工作或劳动也具有重要作用。可靠的合作伙伴和优惠政策的扶持对人才创新的助推功能不容忽视。

表 2-1 某种因素对创新获得成功的影响程度为"高"的企业分布情况(2004—2006 年)

	占产品或工艺创新企业数的比重(%)								
	有创新精神的企业家	充足的经费支持	高素质的技术人才	员工对企业的认同感	企业内部的激励措施	有效的技术战略或计划	畅通的信息渠道	可靠的创新合作伙伴	优惠政策的扶持
规模以上工业企业	66.0	44.8	57.0	41.8	40.6	44.6	40.0	30.2	30.8
制造业	66.2	44.8	57.3	41.8	40.7	44.8	40.1	30.4	30.9

数据来源:《中国统计年鉴 2010》,中国国家统计局网站

2.2.2　人才创新的影响因素分析

根据这些因素在企业人才创新中影响程度的不同分析,企业创新是创新团队集体工作的过程,创新成功首先取决于高层次创新带头人和高素质技术人才,他们对企业的忠诚、对企业创新战略的认同决定着企业创新活动的发展方向;同时,企业创新涉及不同专业、不同层次人才的创造性劳动,在共同技术战略指导下,不同专业、学科人才的协调与信息沟通、知识、能力及经验的传承,对企业创新团队工作效率和创新成果的有效性同样起着非常重要的作用。由此可见,企业创新成功的关键因素还是在于人才,人才具有创造性、独立性、自主性等特点,对人才的开发就是对人才才智的发掘,人才的创造能力不可掠夺,只可激发,激发的前提就是首先要尊重人才的创造性劳动成果,以其劳动成果为依据,给予人才实现自身价值的机会。其次,为人才营造一个宽容自由的研究开发环境,充分发掘人才"情商",通过"情商"把人才"智商"与企业技术战略目标紧密联系,由此提高人才创新性工作的主动性与目标性,并尽快实现中国制造业人才开发的科学性和有效性。

┌─────────┐
│ 专栏 2 - 1 │　　　　　**"中国创造"呼唤创新型人才**
└─────────┘

有资料显示,国内拥有自主知识产权核心技术的企业仅占万分之三,中国货物出口的 55% 是加工贸易,具有自主品牌的产品出口不到 10%,高新技术产品出口的 90% 来自外商投资企业。由于缺少自主知识产权和自主品牌,使我们在国际产业分工中利润少、风险高。要改变这种局面,中国的企业不能继续走"中国制造"的老路,而应迅速创立自己的自主品牌,确立企业的核心竞争力,走"中国创造"之路。

从"中国制造"到"中国创造",虽是一字之差,却是意义非凡。在美国《财富》杂志评选出的世界企业五百强中,中国内地仅有 11 家企业榜上有名,而且多数属于电力、石油、银行等国家垄断性行业,至于国际上耳熟能详的中国著名品牌更是凤毛麟角。中国没有出现如通用、摩托罗拉之类全球知名的跨国公司,也就是说,中国没有自主的知名品牌,中国对国际市场份额的占领很大程度上是"广种薄收"。中国制造业实现向"中国创造"转变,关键是创造自己的核心技术。核心技术是可以打开多种不同类型产品潜在市场大门的关键性技术,是产业发展的重要支柱。中国产业发展与世界发达国家的差距主要体现在核心技术方面。据资料介绍,减碳技术之一的节能 LED(发光二极管)技术,直接将电转化为光,是继火、白炽灯、荧光灯之后第四次人类照明革命的代表作。在同样亮度下,LED 照明的电能消耗仅为白炽灯照明的八分之一。今年,中国照明耗电估计在 3 225 亿度以上,假如有三分之一以上的照明改用 LED,那么一年可节电近 1 000 亿度,节省标准煤 1 229 万吨,减少二氧化碳排放约 3 473 吨。然而,占利润 70% 的外延片和芯片是国外企业生产,我们主要是做 LED 的封装和应用。国内生产的芯片品质与国外相比,至少有 5 年以上差距。中国太阳能光伏电池产量已位居世界第一,然而,多晶硅太阳能电池的硅材料制备技术落后,只能依赖国外设备厂商,使得大部分利润落到他人囊中。正是由于我们缺少核心技术,我们的制造业只能集中在低附加值的非核心部件加工制造和劳动密集型的装配环节上。在新一轮的发展中,中国制造业的当务之急是促进产业升级,创造自己的核心技术,进而增加经济的贡献率。

核心技术哪里来,谁来创造、掌握和应用核心技术?毫无疑问,这离不开创新型人才。创新型人才是支撑经济命脉的脊梁。胡锦涛总书记曾指出:建设创新型国家,关键在人才,尤其在创新型科技人才。只有创新型科技人才,才能创造、掌握和应用核心技术,谱写"中国创造"的新篇章。

创新型人才,通常是指个人拥有独特经验、技能和心智模式,富于开拓性、具有创造能力、对社会发展做出创造性贡献的人才。根据社会大生产和现代化管理要求,创新型人才包括知识创新人才、技术创新人才、产品创新人才、管理创新人才和制度创新人才等。概括说来,创新型人才具有为民族振兴、国家富强而努力的创新意识,具有敢闯、敢试、敢冒风险的创新品质,具有不轻言放弃、锲而不舍的创新意志,具有见微知著、触类旁通的创新视觉,具有善于发现事物内在联系、预知事物发展趋向的创新思维,具有精通专业、了解相邻学科的创新学识。毋庸讳言,中国目前这样的创新型人才还相当匮乏,不适应建设创新型国家的要求。国家要培养和造就大批能够创造、掌握和应用核心技术的创新型人才,才能顺利实现"中国制造"向"中国创造"的转变,建设创新型国家的美好蓝图才能变成现实。

资料来源:今晚报数字报刊,2011-01-31,责任编辑:李森川

2.3 中国制造业创新型人才生态开发的必要性

人力资源开发是涉及个人、企业、学校、培训机构及政府等多个投入体的问题,开发客体为"人",开发主体包括家庭、学校和政府等,开发途径有学校正规教育、社会培训机构、师徒制、网络视听、个人自学、使用开发、流动开发等多种形式。创新型人才是人力资源中具有开拓进取精神且具有较高程度知识、技术和技能素质的一类群体,这类群体发现问题、分析问题及解决问题的能力较强,中国制造业对这类人群的开发活动主要体现在对人才创新活动投入、产出以及政策支持等使用开发方面。

2.3.1 中国制造业创新型人才开发现状

2009年,中国规模以上工业企业研究开发试验活动经费内部支出合计为3 777.2亿元,制造业为3 014.24亿元,占比79.8%;R&D人员投入工业企业合计为162.4万人年,制造业为120.76万人年,占比74.36%;R&D项目数工业企业合计为194 553项,制造业为124 649项,占比64.07%(参见表2-2)。

表 2-2　2009 年规模以上工业企业研究与试验发展(R&D)活动情况

	R&D 人员全时当量 (万人年)	R&D 经费内部支出 (亿元)	R&D 项目数 (项)
工业企业合计	162.4	3 777.2	194 553
制造业	120.76	3 014.24	124 649

数据来源:《中国统计年鉴 2010》,中国国家统计局网站

2009 年,中国规模以上工业企业开发新产品经费合计为 4 483 亿元,制造业为 3 550.4 亿元,占比 79.20%;新产品销售收入工业企业合计为 65 840.4 亿元,制造业为 57 177.6 亿元,占比 86.84%,其中新产品出口工业企业合计为 11 573.5 亿元,制造业为 10 598 亿元,占比 51.97%(参见表 2-3)。

表 2-3　2009 年规模以上工业企业新产品开发及生产情况

	开发新产品经费 (亿元)	新产品销售收入 (亿元)	新产品出口 (亿元)
工业企业合计	4 483	65 840.4	11 573.5
制造业	3 550.4	57 177.6	10 598

数据来源:《中国统计年鉴 2010》,中国国家统计局网站

2009 年,中国规模以上工业企业专利申请数合计为 267 721 件,制造业为 162 694 件,占比 60.77%,其中发明专利工业企业合计为 92 732 件,制造业为 61 470 件,占比 66.29%;有效发明专利工业企业合计为 118 288 件,制造业为 78 905 件,占比 66.71%(参见表 2-4)。

表 2-4 2009 年规模以上工业企业专利情况

	专利申请数(件)	发明专利数(件)	有效发明专利数(件)
工业企业合计	267 721	92 732	118 288
制造业	162 694	61 470	78 905

数据来源:《中国统计年鉴 2010》,中国国家统计局网站

2009 年,中国出口贸易中,高技术产品、工业制成品及初级产品分别为 3 769 亿美元、11 385 亿美元和 631 亿美元,各自占商品出口贸易的 31.4%、94.8%、5.3%(参见表 2-5)。

表 2-5 2009 年高技术产品、工业制成品和初级产品的出口贸易额

	绝对数(亿美元)	占总额比重
商品出口贸易	12 016	商品出口贸易总额(合计=100)
工业制成品	11 385	94.8
高技术产品	3 769	31.4
初级产品	631	5.3

数据来源:《中国统计年鉴 2010》,中国国家统计局网站

2.3.2 中国制造业转型升级急需创造性成果要求对人才生态开发

从表 2-1、表 2-2 可以看出,中国制造业在研究与试验发展、新产品人员投入、活动经费及项目与新产品销售收入在工业企业中都占有较高比例,这反映中国制造业在科学技术领域进行系统的创造性活动人才使用及其投入与产出已经具备了一定规模、实力和竞争力。

从表 2-4 可以看出,制造业专利申请数、发明专利数在规模以上工业企业中也都在 60%以上,专利是反映拥有自主知识产权的科

技和设计成果情况的指标,发明专利是国际通行的反映拥有自主知识产权技术的核心指标,而且有效发明专利占规模以上工业企业的66.7%。再从表2-5看出,2009年中国出口贸易中,工业制成品为11 385亿美元,其中高技术产品为3 769亿美元,占比31.4%。由此可以说明,中国制造业人才创新拥有的自主知识产权成果在国内已具备了较强竞争力,但在国际市场上的份额仍然需要提高;同时,有效发明专利占比较高说明制造业发明专利产业化程度较高,能带来一定经济效益。不过,我们需要看到的是,中国商品出口中工业制成品的比例在出口贸易中达到了94.8%,高技术产品占出口贸易商品的31.4%,一方面说明中国还是制造大国,另一方面说明高技术产品的设计与生产还存在较大提升空间。

综合分析中国制造业在人才创新型活动的投入与产出,创新型人才的使用开发具备了一定规模,但制造业要融入全球市场,参与全球产业链的竞争,高新技术产品的设计与生产力量尚需进一步加强,高新技术产品是高新技术产业化的结果,高新技术的开发是人才创造性劳动的结晶,创造性劳动的显著特征是"拓展性"和"新颖性"。"人才生态开发"强调人才开发过程中知识、信息、能力等能量传递的成长性或发展性,是一个生生不息的"扬弃"或"创新"过程。因此,"人才生态开发"将是中国制造业创新型人才开发的有效形式。

2.3.3　中国制造业技术发展战略要求对人才生态开发

面对制造业全球化发展趋势,根据有关调查,中国制造业未来计划采取技术战略企业的分布状况为:规模以上工业企业占全部企业数量的83.5%,制造业占全部企业数量的84%;在企业涉及的产品领域中保持创新领先地位的,规模以上工业企业占全部企业数量的18.1%,制造业占全部企业数量的18.8%;赶超国际同行业创新领先水平企业方面,规模以上工业企业占全部企业数量的2.7%,制造业占全部企业数量的2.9%;赶超国内同行业创新领先水平企业方面,规模以上工业企业占全部企业数量的9.0%,制造业占全部企业数量的 9.1%;通过增加研究开发投入提升创新实力的,规模以上工业企业占全部企业数量的 35.4%,制造业占全部企业数量的 35.7%;保持现有技术水平和生产经营状况的,规模以上工业企业占全部企业数量的 17.7%,制造业占全部企业数量的 17.0%。制造业在未来采取技术战略和提升创新实力的比重分别为 84% 和 35.7%(参见表 2-6),位于其他指标之首。提高自身产品和工艺的技术含量以及创新实力,关键在于创新型人才的开发,激发人才的创造活力,中国制造业未来技术发展战略明确了企业人力资源的开发方向,即人才创造力的开发,而对人才的生态开发正是以发掘人才创造性和成长性为出发点。

表 2-6　未来采取技术战略的企业分布情况

	占全部企业数的比重(%)					
	未来采取技术战略	在企业所涉及的产品领域中保持创新领先地位	赶超国际同行业创新领先水平	赶超国内同行业创新领先水平	增加研发投入,提升创新实力	保持现有的技术水平和生产经营状况
规模以上工业企业	83.5	18.1	2.7	9.0	35.4	17.7
制造业	84.0	18.8	2.9	9.1	35.7	17.0

数据来源:《中国统计年鉴 2010》,中国国家统计局网站

专栏 2-2　**从一支笔看中国传统产业转型升级的迫切性**

【人物简介】　徐晓兰,中国电子信息产业发展研究院副院长,全国政协委员、中国致公党中央委员

给力之语:"我希望,未来国内企业生产的小小一支笔不再依赖进口的关键部件,不再没有定价权,不再依赖低廉的劳动力的发展方式,使中国传统产业焕发青春。"——徐晓兰

2010 年 6 月,我作为全国政协教科文卫体委员会的委员,参加

了关于制笔产业的调研研讨会。我开始很纳闷,一支小小的笔有什么好调研的? 能有什么核心技术? 对国民经济又有什么重要影响? 我以为全国政协委员应该从更多的角度去关心国家大事和百姓难事。带着这样的困惑,我随调研组一行来到了制笔企业非常集中的宁波、温州、杭州和上海等地进行调研。经过调研我对制笔等传统产业有了新的认识。

中国制笔产业有着悠久的历史。经过多年发展,已经形成了相对完整的产业体系,并且在国际市场上占据了80%的份额。但是,不容忽视的现实是,由于关键技术薄弱,关键设备、关键部件、基础材料严重依赖国外进口,削弱了企业的盈利能力,产品的绝大部分利润被外国厂商获得。

目前,中国制笔业多以年销售额为1亿元以下的中小企业为主,约有3 000多家生产企业,但大多集中在笔杆生产、组装等产业链的低端,而水性和中性笔的笔头、油墨等关键部件,特别是精密制笔机械等关键设备严重依赖进口,制约了中国制笔产业向产业链中高端发展。这造成了中国是制笔大国但不是制笔强国的局面,产品低端化、同质化现象严重,公共技术研发平台缺失,创新要素尚未形成有效联结。

从调研中可以看出,"小小一支笔,内藏大乾坤"。制笔产业存在的问题折射出传统产业在中国创新能力发展和经济发展方式转变过程中的共性问题。"十二五"工业转型升级规划把发展先进装备制造业作为工业转型升级的战略基础。同时大力支持传统产业升级改造与提升自主创新能力。工业是现代化的基础,是中国转变经济发展方式和调整经济结构的主战场。我认为,经过未来五年,中国工业发展将呈现以下特征:

工业产业结构有望实现高端化。"十二五"末将基本形成战略性新兴产业为先导、先进制造业为支柱、生产性服务业为支撑的现代产业体系格局;节能环保、新一代信息技术、生物、高端装备制造、新能源、新材料和新能源汽车等战略性新兴产业形成局部优势。

　　自主品牌和质量建设取得突破。打造 50 个具有国际影响力的自主品牌,1 000 个国内著名的自主品牌。主要工业产品质量接近或达到国际先进水平。建立健全的质量诚信体系和工业产品标准体系。食品、药等主要消费类产品的质量、安全和卫生标准全部达到或优于国家强制性标准。

　　产业组织结构明显改善。主要行业产业集中度明显提高,主要行业形成 3~5 家具有国际竞争力的大企业、大集团,全国形成 50 家左右具有国际竞争力的大企业、大集团,其中 10 家进入大型跨国公司行列。形成 500 家左右具有自主知识产权及自主品牌、主业突出的重点骨干企业;形成 50 000 家左右"专、精、特、新"特征明显的"小巨人"企业。

　　工业科技创新水平大幅提升。到"十二五"末制约产业升级的核心技术取得较大突破,重大技术装备、关键原材料、重要零部件自主化水平进一步提高。重点领域和新兴产业技术标准取得重大突破。

　　工业可持续发展能力增强。到 2015 年单位工业增加值能耗和二氧化碳排放量比"十一五"末均降低 16%;单位工业增加值用水量降低 25% 左右;工业固体废弃物综合利用水平逐年提高,到 2015 年工业固体废弃物综合利用率提高到 76% 左右。循环经济快速发展。到"十二五"末初步形成以节约、循环、清洁、低碳为主要特征的绿色产业体系。

　　我希望,未来我们生产的小小一支笔不再依赖进口的关键部件,不再没有定价权,不再依赖低廉的劳动力的发展方式,使传统产业焕发青春,继续在解决就业、扩大内需、保持社会稳定以及加快转变经济发展方式等方面发挥重要的作用。

　　资料来源:http://www. enorth. com. cn. 2011 - 03 - 02. 记者:吴倩

第三章　基于脑机制和中国制造业知识体系的个体创造力的生态开发

3.1　基于脑机制的个体创造力生态开发体系

中国制造业创新型人才生态开发属于继续教育阶段的人才创造性的发掘行为，从制造业现有人才的存量看，就是要充分调动存量人才的创造主动性与积极性；从制造业转型升级对高新技术需求看，又必须重视产业人才后备力量的补充，关注人才市场的流量状况。人才的后备力量重点在于吸纳接受完成正规教育并进入人才市场的准人才，"准人才"的创新思维强弱及创新能力的大小直接影响其今后工作岗位上创造性发挥的高低，因此，正规教育阶段必须强调创新思维和能力的培养。中国当前的正规教育分为初等教育、中等教育和高等教育阶段。前两阶段过多强调考试，以"考"定终身，即使幼儿教育也以考试为标准招收孩子，这一普遍存在的教育现象带来的结果就是我们的教育无法在充分尊重学生的个性、兴趣、爱好、能力和特长差异的基础上因材施教。后一阶段教育由于传统与体制因素影响，尽管目前改革正在进行中，但仍然偏重于以学科为中心，而忽略了学生日益增长的多样化、个性化的学习需求；使得我们的教育缺乏特色化、个性化，人才培养缺乏针对性。从初等、中等教育到高等教育，我们的教育教学模式虽然在特定的历史时期为国家和社会建设输送了大量人才，但在当前，国家和社会升级式的发展需要大量的创新型人才，这样的模式对人才个性与创造性的培养已不适应，教育教学模式的改革是历史与社会发展的必然，什么样的教育教学模式才是培养创新型人才的优化模式，是我们的教育改革必须尽快解决的问题，也是本章以下内容重点探讨的主题。

3.1.1　基于创造性思维及能力培养的正规教育体系

1.以创造性思维开发为核心的初等教育阶段

这一阶段是人的创造性思维开发和形成阶段，是左脑与右脑开发同时并举的阶段，即智商与情商同时开发阶段，寓乐于学，寓学于乐。日本教育界著名人士岸根卓郎在研究新的日本教育时，提出了"只有立足于脑的观点的教育，才是最根本的教育"的观点。岸根先生在《我的教育论》一书中，把大脑分为左脑、右脑和脑梁。左、右脑各自有明显的功能差异(见表3-1、图3-1)。

表3-1　左右脑半球功能分类

	左　脑	右　脑
功能	意识脑、语言脑、少量记忆脑、低速记忆脑、低速计算脑、分析脑、逻辑脑、知性脑、科学脑	情绪的脑、艺术的脑、无意识脑(想象脑)、超大量记忆脑、图形脑(心像脑)、超高速记忆脑、幽玄的脑、冥想的脑、无意的脑、抽象的脑、空间的脑、直感脑(闪念脑)、非逻辑的脑、非科学脑(暧昧脑)、想象的脑

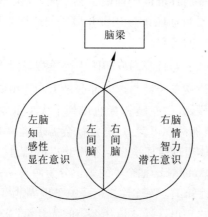

图3-1　左右脑的功能

脑梁具有使左脑和右脑结合起来的作用。他还认为,宇宙与右脑进行信息交换。日本的七田真先生在《超右脑革命》中谈道:幼儿期的右脑处于崭新的"变性意识",即能够与宇宙交换信息的状态,很容易与宇宙交流信息。宇宙信息交流是一种精神感应即非语言交流,是预知或透视来自宇宙信息的能力,或叫想象力。人类个体出生时,为了生存,只有右脑被启动。而左脑在出生时还没有被启动。左脑是智力脑,是后继发展的脑。出生 3 年后,才通过右脑向左脑架设桥梁即脑梁,右脑通过脑梁,使左脑启动。左脑通过右脑被启动,但一经启动,却又对右脑起抑制作用。而只有右脑能够与宇宙信息同步,正因为如此,人才能够发挥直观力和创造力。七田先生进一步指出,"无论右脑如何优秀的天才,如果没有左脑的帮助,右脑的闪念即灵感不能逻辑化和语言化,天才也不能成为天才。"天才应该是左脑和右脑都得到充分发展的人。现实是这样的,人出生 3 岁后,左脑开始发展,右脑就一直被压抑,但想象、灵感和创造力来自于右脑与宇宙信息的碰撞。因此,岸根先生认为,应来一场"右脑革命"。而中国的教育正好相反,从小学一年级开始,就进行大量的识字练习和算术计算,再到初中、高中直到大学,右脑一直是被压抑的。也就是说,学生的创造性思维一直是被压抑的。鉴于此,我国当前初等教育阶段教育体系的主要目标应该是开启并形成创造性思维,为创造性能力的培养奠定一定的基础。

2. 以创造性能力开发为核心的中高等教育阶段

这一阶段应该是为社会培养准劳动力和为国家培养"精英"的阶段。在这一阶段,人的左脑和智商得到了大力开发。这一阶段的教育,以知识和技能的学习为主,满足社会需求是其主要目的。

知识是个体通过与环境相互作用获得的信息。著名认知心理学家安德森(J E Anderson)把个体的知识分为两类:一类是陈述性知识,另一类是程序性知识。陈述性知识是关于世界的事实性知识,是关于事物及其关系的知识,回答"是什么"和"为什么"之类的问题;程序性知识是关于完成某项活动的知识,解决"怎么办"和"怎么做"之类的问题。不论是陈述性知识,还是程序性知识,都有其特定的习得机制。当代心理学家奥苏伯尔用"同化"理论对新知识的习得进行了阐释。他认为学生能否习得新知识,取决于头脑中原有认知结构已有的知识。在学习中,原有的观念如果能对新知识起固化作用,则成为同化点,并将新知识纳入已有的认知结构中,使原有的认知结构得到建立、扩展、完善、分化和精确化,形成新的认知结构,从而习得新知识。

程序性知识的学习以陈述性知识为基础,变式练习即用不同的事例或直观材料说明事物的本质属性是使陈述性知识的学习向程序性知识学习的关键,程序性知识获得的标志是能用规则解决新问题。

技能指通过反复操练获得的能够完成一定任务的动作系统。它与知识不同,必须亲自学习,并坚持练习才能掌握其中的技巧,是一种熟能生巧的体力活。

人本来就有各种各样的发展需要,社会也如此,教育就是要根据知识、技能及其获取的特征,以人和社会的需要为出发点制定自己的目标。学习型社会的终身教育,并不是有意创造特定的"完人",应该是以每个学习者的个性得到丰富成长发展为中心,以提供多种教育机会为重点。与此同时,如何满足个人和社会需求,这要与当时经济和社会发展水平紧密衔接。因此,这一阶段的教育体系要考虑的主要因素就是知识、技能及其习得特征、个性特征与社会需求,为个体能使自身创造性思维系统化并用语言或图示以符合思维逻辑的方式表达出来奠定基础,而且在中高等教育阶段,知识的教育与技能的教育不应该是脱节的,必须相互融通、相得益彰。因此,这一过程是创造性能力培养的重要阶段。

3.1.2 基于创造力提升的继续教育体系

创新型人才必须具有脚踏实地和坚忍不拔的工作态度与作风;同时,创新性成果必须具有先进性和时代性,能为社会、人类和自然带来福利。他们只有深入实际,了解事物与事物之间的关联性,尊重事物发展的规律,才能创造出社会所需要的成果。社会实践是创新型人才磨砺自己、创造业绩的场所,面对实践中发现的新问题,他们应该不断学习,分析并解决实际问题。在职培训和"干中学"是创新型人才继续开发的有效途径,同时,通过雇主给员工提供提升其能力的机会,也是激发员工情商、加深员工对企业感情的重要手段。

1.在职培训

这是非正规教育中的一种形式,指以不脱离工作岗位由企业或社会组织开展的、旨在提高劳动者技能的教育形式。在职培训形式灵活,针对性强,是形成人力资本的重要形式。美国经济学家贝克尔将在职培训区分为一般培训和特殊培训。一般培训是指不仅能使公司提高未来的劳动生产率,同时也增加了另一个公司的边际产品。但公司只有在不需要承担任何培训成本的条件下才会提供这种培训。一般接受培训的人则愿意支付培训成本,因为培训可增加他们就业流动和就业选择机会,提高未来的收入,如外语培训、计算机培训等。特殊培训能使提供培训公司的生产率比其他未提供培训公司的生产率提高得更多。由于特殊培训提高了提供培训公司的生产率而对其他公司的生产率很少产生影响,同时减少接受培训工人在其他企业受雇的可能性,这种培训的成本主要由员工所在公司支付,实施这种培训,强化了雇主与雇员之间的雇佣纽带。这一阶段的教育体系可以以企业为核心,或校企联合,也可以以社会机构为枢纽构建。这一阶段人才的开发具有很强的针对性与实用性,这有助于提高人才创造活动的目标性及创造性成果的有用性。

2."干中学"

1962 年,阿罗(K Arrow)发表了《边干边学的经济含义》一文,旨在提出一个知识变化的理论。在这篇论文中,阿罗的重要贡献是提出了"边干边学"的概念。其一,边干边学是经验的产品,只发生于解决问题的尝试中,由此它只发生于解决此问题的相关生产活动中。其二,经验具有递增的生产力。为此,阿罗还发现了"学习曲线"(learning curve)或"进步比率"(progress ratio),即随着经验知识的积累,单位产品的劳动需要量是生产总量的立方根。

阿罗的边干边学理论隐含着两种观点:一种是可以通过生产活动中问题的解决习得知识并创造收益;二是随着问题的解决和经验的积累,劳动熟练程度的提高,单位产品的劳动需求量递减,从而节约劳动。阿罗边干边学理论的核心就在问题解决上。

问题解决包括常规性问题解决和创造性问题解决。前者指用已有的程序来解决问题,它解决的是有固定答案的问题;后者是指解决没有固定答案的问题,它需要运用新的程序来解决。现代社会变化迅猛,要解决的问题大多是没有给定答案的问题,因此,培养具备随机应变解决问题的能力更有助于人才创造能力的提升。

3.2　基于中国制造业转型升级核心技术需求的知识体系

3.2.1　中国制造业转型升级的内涵

2011 年 3 月,第十一届全国人民代表大会第四次会议审议并通过了"十二五"规划纲要。这标志着中国全面进入实施新的五年计划时期。"十二五"规划纲要确定了中国制造业"加快产业结构调整、由制造业低端向高端转变"的发展目标。"目标"蕴涵了两层意思,一是产业结构的转变;二是产业发展水平的提升。中国制造业目标的成功实施,必须尽快完成以下转变,即"从注重生产能力的扩张到注重技术能力的积聚转变、从主要依靠投资和出口拉动到主要依靠技术进步和提高劳动者素质推动转变、从生产型制造到服务型制造转变、从世界制造业产业链低端到世界制造业产业链高端转变以及从对环境挤压到对环境友好转变"[1]。对中国制造业企业来说,在转型升级过程中,面临着新技术、新材料、新工艺以及新能源的使用,实现设备

---

[1] 朱森第(中国机械工业联合会专家委员会).未来十年中国制造业的发展.第四届中部六省人才论坛,2010 年 9 月 6 日,长沙

升级、产品升级、客户升级、价格升级,由初级产品供应者转变为国际化的高端产品制造者,并通过创建自有品牌、满足顾客需求和建立品牌价值来获取更高回报的艰巨任务,企业必须因应市场,随时调整自身发展与经营战略,提高资源整合能力与企业核心竞争力,准确定位目标市场,选择与企业发展匹配的盈利模式,在"客户价值创造"、"快速市场响应"及"差异化服务"等理念指导下,发现需求、创造需求并实现客户价值,建立客户资产,通过客户资产实现企业盈利目标。

| 专栏 3-1 | M 集团的战略转型 |

　　浙江宁波 M 文具集团,是由国际贸易出身的外向型制笔企业。在 1998 年之前基本是 OEM(贴牌生产)型企业,完全依靠国际订单生存。在之后的 3 年内,企业依据国际市场的客户需求(主要是到岸国代理商的需求),开始了产品设计研发,走向 ODM(委托设计生产)的经营方式。由于人民币升值、美元贬值,在汇率结算等方面逐渐产生的成本压力,尤为刺痛他们神经的是,在这十多年里,他们的产品卖给代理商只有 80 美分到 2 美元之间,而品牌商的销售价格则由十几美元至二三十美元不等。成本的压力和盈利的动力,使得企业不得不考虑创建自有品牌,走向 OBM(自有品牌生产)模式。2003 年他们推出了自有品牌和 2 000 多种新产品,并积极参加德国慕尼黑等国际性的文具展会,通过开发数十家新的国际渠道商,合作代理企业自有品牌。到 2006 年,这家企业的出口额由 1 000 万美元左右增长到 6 000 万美元,成为国内中性笔出口的龙头,成为国际制笔市场的知名品牌。

　　2006 年,企业看到国内市场的深刻变化,感受到了国内市场的巨大吸引力,于是积极实施国际、国内两条腿走路的战略方针。企业在对国内文具市场充分调研的基础上,成立了国内销售公司,将自己在国际市场打拼多年的产品、技术和管理知识,运用到国内市场,开始了企业直营市场的经营模式。但由于对国内市场的产品、价格、渠道、销售管理等方面不熟以及销售人才的缺乏,这一年他们在国内市场败走麦城。在一年的销售周期里造成了"库存大于销量"的困局。但是,企业领导人和决策层坚定不移地实施新的经营战略,通过与专业管理咨询公司的多次合作(先后与国际、国内 7 家管理咨询公司合作),在最短时间里解决了上述问题。企业根据国内客户的需求开发了新产品,实施竞争性定价,推行一系列新的经销商政策,招募了业界的营销精英。到 2007 年,公司品牌在国内制笔行业日益"叫响",产品也成为渠道商的抢手货。

中国制造企业的转型不是简单的为了转型而转型,也不仅仅是迫于压力而被动转型,它们要从"产品专家型"企业,发展成了解客户、主动参与竞争的"市场专家型企业"。2007 年,公司再一次做出了重大战略调整,成立了国际销售公司,利用自身的进出口自营权,整合国内尤其是浙江、江苏一带的文具、制笔行业的产能资源和 1 万多种文具及办公用品,利用国际市场的渠道资源,建立了面向全球文具市场的组合销售平台。企业由一个文具制造商,转身成为国际化的文具及办公用品的整合供应商。

在一系列战略转型基础上,2007 年该企业抓住北京奥运会契机,积极参与奥运会的合作,成为中国奥运会的文具赞助商。他们积极利用奥运会的宣传平台,通过整合营销转播,在国内、国际大力推广公司品牌和产品,大大提升了公司在业界的品牌地位。

与此同时,公司紧紧抓住奥运会机遇,再一次华丽转身,整合自身资源优势,在全国范围内推行 N 品牌特许连锁加盟的经营模式。良好的品牌美誉度和先进的经营模式,很快引来众多"天使基金"的青睐。2008 年他们获得了 3 000 万美元的风投,专门用于品牌特许连锁经营,开创了中国制笔企业的品牌特许经营的先河。

浙江宁波的 M 集团用了 10 年时间,从一个默默无闻的出口制笔企业,通过多次主动的战略转型,发展成为享誉国际市场的文具集团公司。

http://www.sina.com.cn.2010 - 10 - 08.中国机电工业杂志

3.2.2　中国制造业转型升级所需核心技术构成

中国制造业的转型与升级,技术积累与创新是关键。美国国家研究署在《2020 年制造业的远景预测》中提出了 2020 年制造业必须具备的十大关键技术,即:可重构制造系统、绿色制造、技术创新工程、用于制造的生物技术、建模和仿真、知识工程、产品和过程设计的新方法、改善人机界面、新的教育体系和方法、智能化软件①。目前,中国制造业的状况,商务部驻上海特派员储士家认为,中国制造业的规模虽然已位居世界第一,但大而不强,过于依赖劳动力、土地等低成本优势,存在增长方式粗放、结构不合理、缺乏核心技术、产业附加值低、大量落后产能亟待淘汰、综合竞争力不强等问题;一些产业集中度过低,大量产业处于产业链的低端,这种局面严重制约了产业自身及整个制造业的发展;资源能源消耗过多,环境污染严重②。据世界银行测算,环境污染给中国带来 3.5% 以上的国内生产总值损失,企业产生的污染 70% 来源于制造业。此外,中国制造业出口依赖度达 40%,国际市场不景气时,首当其冲受影响的就是制造业。当前,中国制造业遭遇的"用工荒",按国际经验,应该是促进产业转型升级的前奏:从短期看,"用工荒"会造成劳动力成本上升,压缩制造业的利润空间,影响制造业出口的国际竞争力。但长远看,却增强了推动制造业转型升级的内在驱动力。分析中国制造业资源、产业结构、增长方式以及在全球产业链的地位,面对 2020 年制造业发展的远景,中国制造业转型期核心技术的开发与利用,一是要对传统制造实行高新技术改造,打造现代制造业,实施制造过程自动化和智能化及产品数字化与智能化;二是催生战略性新兴产业,加大对战略性新兴产

---

① 美国国家研究署.《2020 年制造业的远景预测》,1998;转引自张曙、陈超祥编著.《产品创新和快速开发》.北京:机械工业出版社,2008
② 资料来源:2010 年 8 月 6 日,《第一财经日报》邀请来自政府、学术界、制造业领域的嘉宾,在上海举办了"转型中国——制造业挑战与机遇"暨第一期"思合院"沙龙

业的投入和政策支持,这些新兴产业包括新能源、新材料、节能环保、生物医药、信息网络和高端制造产业等,积极推进新能源汽车、"三网"融合取得实质性进展,加快物联网的研发应用[①]。围绕这一目标,中国制造业转型升级所需核心技术体系构成如下。

1.高端装备制造技术

装备制造业主要指资本品制造业,是为满足国民经济各部门发展和国家安全需要而制造各种技术装备的产业总称。按照国民经济行业分类,其产品范围包括机械、电子和兵器工业中的投资类制成品,分属于金属制品业、通用装备制造业、专用设备制造业、交通运输设备制造业、电器装备及器材制造业、电子及通信设备制造业、仪器仪表及文化办公用装备制造业等。高端装备制造技术主要包括先进运输装备、基础制造装备、智能制造装备、海洋工程装备、卫星及应用产业以及为其他战略性新兴产业发展所需的支撑装备和重大节能环保资源开发利用装备等制造技术[②]。例如揭示和利用事物间相似性并按照一定的准则分类成组,同组事物采用同一方法进行处理,以便提高效益的成组技术。在机械制造工程中,成组技术是计算机辅助制造的基础,将成组哲理用于设计、制造和管理等整个生产系统,改变多品种小批量生产方式,获得最大的经济效益。对产品及其制造过程和支持过程等进行并行、一体化设计的系统化并行工程,将设计、工艺和制造结合起来,利用计算机互联网并行作业,大大缩短了生产周期,解决了传统串行开发过程中只能事后反馈的问题,即产品或工艺设计中的问题或不足,要分别在加工、装配或售后服务中才能被发现,然后再修改设计,改进加工、装配或售后服务(包括维修服务)。

又如快速成型技术,它是集 CAD/CAM 技术、激光加工技术、数

---

①温家宝.2010 年 3 月 5 日在第十一届全国人民代表大会第三次会议上作《政府工作报告》

②朱森第(中国机械工业联合会专家委员会).未来十年中国制造业的发展.第四届中部六省人才论坛,2010 年 9 月 6 日,长沙

控技术和新材料等技术领域的最新成果于一体的零件原型制造技术。该技术利用所要制造零件的三维 CAD 模型数据直接生成产品原型,并且可以方便地修改 CAD 模型再重新制造产品原型。它不像传统的零件制造方法需要制作木模、塑料模和陶瓷模等,该技术可以把零件原型的制造时间减少为几天、几小时,大大缩短了产品开发周期,减少了开发成本。随着计算机技术的快速发展和三维 CAD 软件应用的不断推广,该技术已广泛应用于航天、航空、汽车、通讯、医疗、电子、家电、玩具、军事装备、工业造型(雕刻)、建筑模型、机械行业等领域。再如以计算机支持的建模、仿真技术为前提,对设计、加工制造、装配等全过程进行统一建模的虚拟制造技术,在产品设计阶段,实施并行模拟出产品未来制造全过程及其对产品设计的影响,预测出产品的性能、产品的制造技术以及产品的可制造性与可装配性,以更有效、更经济灵活地组织生产,使工厂和车间的设计布局更合理,达到产品开发周期最短化和成本最小化、产品设计质量最优化、生产效率最高化。虚拟制造系统的关键是建模,即将现实环境下的物理系统映射为计算机环境下的虚拟系统。虚拟制造系统生产的产品是虚拟产品,但具有真实产品所具有的一切特征。此外,还有智能制造技术和已经广泛用于生产加工的敏捷制造技术等。

2. 信息技术

信息技术(information science)是研究信息的获取、传输和处理的技术,由计算机技术、通信技术、微电子技术结合而成,即利用计算机进行信息处理,利用现代电子通信技术从事信息采集、存储、加工、利用以及相关产品制造、技术开发、信息服务的新学科,主要包括网络技术、虚拟设计、计算机仿真、协同设计与协同管理、云计算、云制造、SaaS(Software as a Service)、PaaS(Platform as a Service)等。

3. 生物技术

生物技术(Biotechnology)或工程是以生命科学为基础,利用生物(或生物组织、细胞及其他组成部分)的特性和功能,设计、构建具有预期性能的新物质或新品系,以及与工程原理相结合,加工生产产品或提供服务的综合性技术[①]。主要包括基因工程、细胞工程、发酵工程和酶工程,现代生物技术发展到高通量组学(High-throughput omics)芯片技术、基因与基因组人工设计与合成生物学等系统生物技术。生物技术应用于工业制造和环境管理能推动工业的可持续发展:微生物被认为是天然的化学工厂,能取代工业催化剂而用于化学品的制造。例如酶制剂取代洗涤剂中的磷和皮革鞣制过程中的硫化物;造纸过程中,酶制剂可以减少氯化物在纸浆漂白过程中的用量。因此,微生物在工业生产过程中的应用,使加工过程变得清洁、高效、且具有可持续性。同时,酶也可以作为生物催化剂将生物质转化为能源、乙醇等。例如通过生物酶,玉米秸秆可以转化为可降解的塑料,用于食品包装。而且基因学和蛋白质学在工业生物技术中的应用,在发现微生物酶特性的同时,还可以通过目标的变异,使微生物产生各种用途的新型酶制剂[②]。

4. 新材料技术

新材料是指那些新近发展或正在发展中的具有比传统材料性能更为优异的一类材料。新材料技术是按照人的意志,通过物理研究、材料设计、材料加工、试验评价等一系列研究过程,创造出能满足各种需要的新型材料技术。新材料按不同标准分类,主要包括:按属性,有金属材料、无机非金属材料,如陶瓷、砷化镓半导体等、有机高分子材料、先进复合材料;按性能,有能满足高强度、高刚度、高硬度、耐高温、耐磨、耐蚀、抗辐照等性能要求的材料;按功能,有利用材料具有的电、磁、声、光热等效应实现某种功能的材料,如半导体材料、磁性材料、光敏材料、热敏材料、隐身材料和制造原子弹、氢弹的核材料等。新材料技术不论在国防还是在民用产品制造领域,用途都非常广泛。

---

①、②资料来源:百度百科

5. 新能源技术

它是指在新技术基础上,系统开发利用的可再生能源,如核能、太阳能、风能、生物质能、地热能、海洋能、氢能等。新能源技术指太阳能利用技术(如太阳能-热能转换技术和太阳能-光电转换技术等)、氢能利用技术(如制氢技术和氢提炼技术等)、核电技术、化学电能技术、生物质能应用技术、风能应用技术、海洋能与低热能应用技术等。

3.2.3 与中国制造业转型升级核心技术匹配的知识体系

1. 知识体系内涵

知识体系构成的单元是知识及其构造规则。对知识的理解,从古到今、从国内到国外有不同的解释。汉代孔融的《论盛孝章书》中,有"海内知识,零落殆尽,惟有会稽、盛孝章尚存"句中的"知识"意为"朋友";《水浒传》第七十九回"原来这闻焕章是有名文士,朝廷大臣多有知识的,俱备酒食迎接"中的"知识",意为"交游"或"结识";明代焦竑的《焦氏笔乘·读孟子》中"孩提之童,则知识生,混沌凿矣",其中"知识"指辨识事务的能力;鲁迅的《三闲集·现今的新文学的概观》中"在文学界也一样,我们知道得不太多,而帮助我们知识的材料也太少",这里"知识"的含义为"辨识";朱自清的《论老实话》中"大家在知识上要求真实,他们要知道事实,寻求真理",其中"知识"的含义为"人类认识自然或社会的成果";世界经济和合作组织(OECD)在1996年的年度报告《以知识为基础的经济》中从"Know-what"、"Know-why"、"Know-how"、"Know-who"即知道是什么、知道为什么、知道怎么做和知道是谁几个方面来解释知识。这些观点从不同角度对知识进行了阐释。吸取众家之长,本书认为知识是人类认识和改造世界经验的总结,是知识体系的组成元素,知识体系是人类在长期社会实践中积累、总结、提炼、创新的结构化了的能帮助人们正确认识世界和解释世界的信息与经验,它不是概念之间的简单堆砌,而是概念之间按照一定规则或规律交织在一起的网络体系。自然、社会和人类自身不同领域不同专业与学科在概念与构造规则上差异万千,但对不同概念和规则进行抽象后的知识体系都具有一些共同特点。

(1)心智可接受性。知识及其构造规则必须经过人的心智内化,真正理解,才能被准确运用,并在运用中体现知识的价值。

(2)行动导向性。知识及其构造规则能够指导人的决策和行为,加速决策的行动过程。

(3)创造延展性。知识及其构造规则在应用、交流的过程中,由于每个人现有知识存量及阅历的不同,每个人对知识及其规则的理解会不一样,由此会创造出新的概念,形成新的联系规则,从而使知识体系得到延展生长。

(4)螺旋循环性。知识及其构造规则必须在特定时间内、在规定情景下才能充分发挥其作用,有其产生、生长、繁荣与衰竭的生命周期,一定时空内的知识体系在完成其使命后即传承给下一轮新的知识体系,这样的传承不是简单的复制,而是新的知识体系在前一轮知识体系基础上螺旋式的提升,推动人类朝向自然、社会及人类自身更高领域探索。

(5)资本权属性。知识体系的资本性,体现人们在运用知识体系时能创造更多的功能与价值,掌握并运用了它的人或组织,便能获取更多的价值;同时,这也体现了知识体系的权属性,没有掌握或运用它的人将失去获取价值的机会。

2.与中国制造业转型升级核心技术匹配的知识体系架构

中国制造业转型升级必需的核心技术主要包括高端装备制造技术、新一代信息技术、生物技术、新材料和新能源技术等体系,每一个方面都构成了独有的核心技术体系,但各个技术体系在相互区别的同时,又存在密切的关联性,各核心技术体系关联的专业知识和学科知识的开发、学习与掌握对这些技术的运用、制造工艺过程的创新是基础。这些专业知识及学科知识构成了知识网络体系的"经";不同专业、学科知识之间的交叉与融合在人们认识和改造自然、社会和人类自身的过程中越来越紧密、越来越频繁,知识创造活动的活跃促使知识体系生命周期日益缩短,如何识别有效知识的迫切需要衍生出了新的学科:知识管理。按照知识管理有关研究,知识包含五个层次,即噪音、数据、信息、知识和智慧,最低层次是噪音,从噪音中分拣出数据,再对数据进行分类和整理,使庞大的数据从无序变为有序,并对数据展开分析,找出其分布规律,使用者根据各自需求提炼出有用信息,对信息进行研究,总结出规律性的元素及其相互连接的规则,形成知识体系,然后在知识体系传递过程中,经过知识体系不同接受者的理解与创造,延伸并深化为新的知识架构。知识管理对不同专业和学科知识体系具有过滤、净化、提炼并深化的功能。因此,与中国制造业转型升级核心技术匹配的知识体系是一幅以专业和学科知识为"轴心"、以知识管理流程为"纽带"的网络(图3-2)。

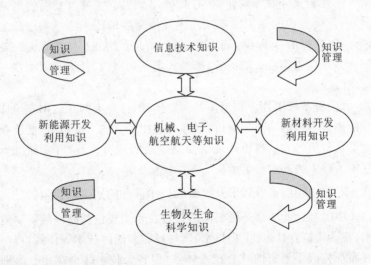

图3-2 与中国制造业转型升级核心技术匹配的知识体系

3.3 与中国制造业转型升级知识体系匹配的个体创造力的生态开发

3.3.1 人才个体特征分析

中国制造业转型升级所需知识体系是在已有知识体系基础上深度开发的具有高新技术特点的知识架构,部分知识元素和规则是现成的,但是,更多的知识元素及其组合规则却需要不同专业领域或学科领域具有丰富实践经验的人才根据不断变化的产业发展环境,在已有知识框架的基础上推陈出新,创造出能为产业所用且能推动产业升级式发展的知识元素及其联络规则。因此,对制造业个体人才创造力的发掘是制造业转型升级人才生态开发的重心。

中国制造业人才的生态开发虽然属于继续教育的范畴,但又高于继续教育的视角。继续教育的过程包括各种形式的培训,也包括"干中学",强调受训者对某方面知识或技能与技术的掌握,以便更好地服务于企业需要;而人才的生态开发更多侧重的是人才个体创造潜力的挖掘,创造潜力只有在不断的实践中围绕企业发展目标才能得到有效的发挥。因此,中国制造业人才的生态开发主要体现在对人才的使用过程中。人才的创造潜力具有很强的隐蔽性,人才是人力资源中自主性及能力较高的一类群体,这类群体中国历史上有句名言很形象地概括了其共性,即"不为五斗米折腰"、"士为知己者死"等,而一般企业目前采用的是岗位用人制,这种用人体制具有较强的刚性,不论薪酬,还是奖励、晋升,都以岗位在企业战略目标实现过程中的地位高低进行承兑,人才一旦配置在某个岗位上,将会根据岗位能给他带来多少回报付出自己的努力,人才创造潜力是没有边界的,而岗位能给他带来的回报是有限的,企业要用有限的岗位回报换取人才无限的创造能力,这只能说是一种一厢情愿的做法。这种做法带来的结果就是:人才资源的极大浪费或人才资源的流失。鉴于如此现实,中国制造业人才个体创造力的生态开发应该从人才所具有的个性特征入手。

(1)人才独立性强。根据这一特点,企业应该在战略目标的指导下,给人才营造更多能让其发挥自己能力的场所,用其所长,避其所短。

(2)人才自主性强。这一特性需要企业给人才一定的资源调配权,一方面可以充分调动人才创造性工作的积极性;另一方面可以提高人才在创新团队中的资源调遣能力,有助于创新型领军人物的产生。

(3)人才既具备较强的创造性思维能力,又具有较强的理性思维能力。企业用什么方式激发人才的创造能力,是企业在创新型人才生态开发中必须深思的问题。收益与个人事业发展的追求是人才理性思考的重点,企业应该充分了解不同人才在收益与个人事业发展中的触发点,通过奖励、分红、股权等激励措施,把人才的个人追求与企业的发展目标密切衔接和高度统一,人才经营企业就等于在经营自己的事业,企业的成功就是人才个人的成功,企业的失败就是人才个人事业的失败,这样,人才用自己的情感在经营企业,通过情商的充分启用来调动人才的创新积极性,在实现企业目标的同时,实现人才自身价值。

(4)人才的自尊心及受人尊重的要求强。创新会遇到许许多多不确定因素或风险,失败是必然的,成功是偶然的,正是因为人才对知识的不断追求,才成就了人才与众不同的创造与开拓进取精神,创造性劳动过程中,有很多不可预料的困难需要人才克服,出错的可能性非常高,如果没有宽容谅解的创新环境,解决人才因创造性劳动失败带来的身败名裂的窘境,人才尽管具备开拓进取的创造精神,也不会冒险搞什么创新不创新的,毕竟人才也是人。因此,企业人力资源管理者必须要营造一个宽松学习的激发员工向上进取的环境,当每个员工都尝试到了解决问题的艰辛的时候,再面对他人的失败就会多一分理解、多一分宽容。记住一点,组织中常有这样的说法:干活的人总是有错,不干的人总是对的,这是一种不正常的组织文化,这种现象一旦盛行于组织,这样的组织继续生存也就成问题了。

3.3.2 人才个体创造力生态开发法则

根据人才个体特征与中国制造业转型升级对信息技术、新材料、新能源技术以及高端装备制造技术等高新技术相应知识体系的迫切需求,中国制造业人才个体创造力开发应该遵循个体内在的发展规律,以转型升级所需高新技术知识体系为开发目标,对人才个体创造力进行生态开发,这里的"生态"强调生命状态,"生命"的本质就在于它的灵性、生生不息性以及成长性。因此,人才个体创造力的开发必须遵照"生命"的本质特性,采取符合人才成长规律方式实行开发。

1.鲶鱼效应法则

"鲶鱼效应"讲的是这样一个故事:挪威人喜欢吃沙丁鱼,尤其是活鱼。市场上活鱼的价格要比死鱼高许多,所以渔民总是千方百计地让沙丁鱼活着回到渔港。可是虽然经过种种努力,绝大部分沙丁鱼还是在中途因窒息而死亡。但却有一条渔船总能让大部分沙丁鱼活着回到渔港,船长严格保守着秘密。直到船长去世,谜底才揭开。原来是船长在装满沙丁鱼的鱼槽里放进了一条以鱼为主要食物的鲶鱼。鲶鱼进入鱼槽后,由于环境陌生,便四处游动。沙丁鱼见了鲶鱼十分紧张,左冲右突,四处躲避,加速游动。这样沙丁鱼缺氧的问题就迎刃而解了,沙丁鱼也就不会死了。这样一来,一条条沙丁鱼欢蹦乱跳地回到了渔港。这就是著名的"鲶鱼效应"。"鲶鱼效应"用于人才个体创造力的开发,这里的"鲶鱼"相当于个体创造力开发的刺激因素,人才在没有刺激因素的环境中长期生活,人的意志就会衰退,智慧就会枯竭,理想就会丧失,才能就会蜕化,即使创造能力再强的人也不会有多少成就。心理学认为,创造是人的全部体力和智力处在高度紧张状态下的有益的创新活动。然而,人的全部体力和智力从松弛状态转入高度紧张状态,需要给予适度的刺激。只有经常给予适度的刺激,才能激发起人的事业心、责任感、进取精神、求知欲、无穷的智慧和惊人的毅力。缺乏刺激的环境,培养不出杰出的创造型人才。相当于"鲶鱼"的刺激因素包括工作刺激、事业刺激、物质刺激、精神刺激等。

工作刺激指富有挑战性的工作,压力不能过轻,也不能过重,只能适中。压力过轻,会使人能量"过剩",滋生自满情绪;压力过重,又会使人能量"耗尽",产生畏难情绪;只有压力适中,人才才能恰到好处地发挥和使用自己的创造能量。

事业刺激指人才实现自我的人生追求。按照马斯洛的需求层次理论,每个人当低层次需求得到满足后,都有更高层次的追求,自我实现是高层次的需求。事业是人才通过自我认识、自我鞭策、自我调节、自我控制,最大限度地实现自我的重要的内在动力,也是人才个体创造力开发的有效的可持续的刺激因素。

物质是人才赖以生存和发展的重要基础。物质刺激可以激励人才克服保守情绪、怠惰情绪、知足情绪,激发人才不断进取、不断开拓,从而使自己的创造力得到充分发挥。

精神刺激指通过组织或社会制度、社会舆论、道德规范、创新文化、工作环境和群体的人际关系等对人才的创造性活动给以嘉奖,树立创新典范,营造一种创新氛围和创新文化。这些刺激因素足以刺激人才个体充分发挥创造力,形成一种开拓进取的社会环境。

上述不同刺激因素因人而异,不同的人对同一刺激因素会有不同反映,如高层次创造性人才会更重视事业发展前景和工作内容的刺激、低一层次人才会更关注物质和精神的激励。因此,对于不同人才的刺激手段是有差异的,而且刺激的程度应该适度。

2.抛砖引玉法则

人才一般创造性思维能力较强,针对某一问题,通过一定的会议形式,营造一个人才能畅所欲言的环境,设计有较多能够相互启发、引起联想、发生"共振"的条件与机会,这样有助于开发人才个体的智慧和创造力。该方法能在较短的时间里发挥集体的创造力并获得较多的创造性设想。一个与会者在提出一种设想或新思维的时候,会促进激发其他成员的联想能力,从而形成一系列的设想,再对这些有创意的想法进行提炼,形成概念。

3.流动开放法则

按照系统生态学理论,系统只有在开放状态下,才能进行自组织、自优化,开放是生态系统进化之本。人才个体创造力的开发属于人才生态开发的一个子系统,"开放"作为系统进化之本,也适合人才生态开发系统。人才生态开发里的"开放"包含两层含义,其一,人才队伍构建的学科交叉、专业合作有助于产生突破性的创新成果。一个人才系统组合成分越复杂,组合前各类人才所在专业领域相距越远,有效组合后越有可能带来突破性的成果。从这个意义上说,我们应当积极创造条件,创造各种机会让不同专业的人才互相交往、互相渗透。其二,人才流动的开放型。人才只有不断流动,才能找到适合自己的位置,充分发挥自己的创造力。在服从国家需要的前提下,允许人才有一定的个人选择权,只有这样,才能激发他们的创造热情。坚持"不求所在,不求所有,但求所用"的人才流动原则,积极推进各类人才的合理流动,允许他们交流到能够发挥才干的地方去工作。

4.优胜劣汰法则

"优胜劣汰"是自然环境的竞争法则。人才作为自然环境高等生物中的思维强者,自然服从于这一竞争法则。竞争是人才成长与发展的动力,更是创造的源泉,竞争充满了挑战和刺激,可以激发人才潜在的追求卓越和实现自我的动机,使人才获得生存发展的压力和动力,从而最大限度地开发人才潜在的创造力。

不过,为了避免人才在竞争中出现竞争过度而产生内耗,企业人力资源开发部门应该设计一个有利于人才进行有序竞争的创新环境。首先,要培育选拔富有开拓进取创造精神的领袖人才。领袖人才要富有创造精神,把创新看作组织生存和发展的决定性因素,把有创造才能的人视为最宝贵的财富,珍视他们的力量,全力支持他们的创新活动。创新是一种具有较强自由、自主的活动,领袖应信任下属,尽量放手,减少直接干预,给下属一个充分施展才华的空间。不要过分强调权威与服从,鼓励下属的独立自主、怀疑批判和实事求是的精神。同时,要创造一种"鼓励成功,宽容失败"的宽松氛围。创造才能高、创造动机强的人,成就动机也都较强烈。这种求成功的心理时常会使他们成为"冒险者"甚至遭遇失败。作为一个组织,应该允许他们有失误和失败,珍惜和鼓励他们的这种探索精神。唯有在"容错"的环境中工作,人才才能放下包袱,勇于创新。其次,群体结构的组建要异质化。创新是一项复杂的劳动,异质化的群体有助于提高群体的创新效率;同时,异质化群体成员之间情感沟通与工作上相互配合比较容易,这有利于群体成员工作积极性和创造力的发挥。

当然,要使人才最大限度地产出,还必须提供最完善的工作条件,特别是资本支持,这是人才自我实现的物质保障。

第四章　中国制造业产业链发展
路径下的人才种群

4.1　产业链视角下中国制造业产业战略规划状况

产业链是产业经济学中的一个概念,包含产业链和结构链两个层面。产业链由企业产业链和产业链两部分组成;结构链包括供需链和空间链两部分。这两个层面反映各个产业部门之间存在一定的技术经济关联性,并依据特定的逻辑关系和时空布局关系形成了具有链条式关联关系的结构形态。产业链中存在大量的上下游供应需求关系,供需交换的基础是价值交换,上游环节向下游环节输送产品或服务,下游环节向上游环节反馈信息。同时,产业链各环节又具有较强的黏性,由此聚集众多企业,形成产业集群。国内外实例显示,产业集群的发展是提高产业链整体竞争力的有效途径。

产业链上下游关联及各个环节的聚集使产业链能够纵横延伸。向上游延伸使产业链进入到基于市场调研的技术研发环节,向下游拓展则进入到市场拓展环节。产业链的实质是产业链不同环节企业之间、同一企业基本活动和辅助性活动之间价值创造、价值传递和价值实现的过程。

制造业产业链包括产品设计、原料采购、仓储运输、订单处理、生产制造、批发经营和终端零售等环节。在产业链全球分工中,中国制造业由于缺乏核心技术、缺乏自主品牌、缺乏自己的营销渠道和服务管理体系,尽管产业已达到一定规模,仍然是大而不强,企业更多的是从事低端的附加价值少的加工生产活动,在产业分工中话语权不充分。因此,中国制造业必须尽快实现从国际分工低端向中高端转变、从接受既定规则向更多地主动参与制定规则转变、从量的扩张向质的提升转变。

4.1.1　十大传统产业

汽车、钢铁、纺织、装备制造等十大传统产业在国家经济发展中占据重要地位,十大产业大部分为制造业,制造业以产业链上低端的加工生产为主。低端的加工生产往往以牺牲资源和环境为代价,在资源枯竭、环境恶化的形势下将无以为继。2008 年的国际金融危机对中国十大产业带来了严重负面影响。为了改变中国制造业发展格局,积极应对全球金融危机冲击,在全球产业链中实现"向中高端、向更多地主动参与规则制定及向质的提升转变",2009 年 1 月,国务院审议并原则通过了《汽车、钢铁、纺织、装备制造、船舶工业、电子信息、轻工、石化、有色金属产业和物流业等十大产业调整振兴规划》(以下简称"规划")①。

1.汽车产业

根据"规划",措施之一是,从 2009 年 1 月 20 日至 12 月 31 日,对 1.6 升及以下排量乘用车减按 5% 征收车辆购置税。从 2009 年 3 月 1 日至 12 月 31 日,国家安排 50 亿元,对农民报废三轮汽车和低速货车换购轻型载货车以及购买 1.3 升以下排量的微型客车,给予一次性财政补贴。增加老旧汽车报废更新补贴资金,并清理取消限购汽车的不合理规定。这些措施表明,政府通过税收和动用财政资金引导并培育汽车消费市场向节能环保产品转变,向国际产业发展趋势靠拢。

措施之二是,支持大型汽车企业集团进行兼并重组,支持汽车零部件骨干企业通过兼并重组扩大规模。该措施从企业联横合纵入手,通过产业链上资源整合,提高骨干企业在全球产业链中竞争性,这对大型企业集团赢得产业分工的规则制定权并向全球产业链中高

---

① 资料来源:http://finance.cctv.com

端转变具有重大推动作用。

措施之三是，从 2009 年起 3 年内中央安排 100 亿元专项资金，重点支持企业技术创新、技术改造和新能源汽车及零部件发展。推动电动汽车及其关键零部件产业化。中央财政安排补贴资金，支持节能和新能源汽车在大中城市示范推广。此措施再次强调了节能环保在汽车产业中的重要地位，措施一是从汽车消费市场拉动节能环保产品的生产，措施二从产业链资源整合的角度助推骨干企业提高竞争实力，以便赢得全球产业链中高端话语权，措施三是从企业自身技术创新入手，通过政府资金支持，彻底改变非环保、非节能汽车产品生产的局面。

措施之四是，支持汽车生产企业发展自主品牌，加快汽车及零部件出口基地建设，发展现代汽车服务业，完善汽车消费信贷。从品牌和汽车消费服务角度增加支持力度，推进中国汽车产业朝向全球汽车产业链的中高端转变。

由此我们可以看出，中国制造业转型期汽车产业链布局设想如图 4-1 所示。

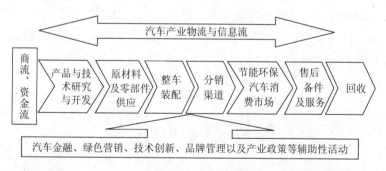

图 4-1 汽车产业链

2.钢铁产业

"规划"在钢铁产业方面的措施重点是市场管理、产业结构调整与优化及技术改造等。首先，"规划"规定：落实扩大内需措施，拉动国内钢材消费。实施适度灵活的出口税收政策,稳定国际市场份额。规范钢材销售制度,建立产销风险共担机制。其次,中国目前有大小钢铁企业 1 200 家左右,其中大中型钢铁企业约 70 家。根据中国钢铁产业钢企数量多、产业集中度低的状况,强调大企业集团在产业发展中的引领作用,规定要推进企业联合重组,培育具有国际竞争力的大型和特大型钢铁集团,优化产业布局,提高集中度。第三,在中央预算内基建投资中列支专项资金,推动钢铁产业技术进步,调整品种结构,提升钢材质量。钢铁产业链发展的决定因素包括上游的资源环节、中游的加工环节和下游的销售环节,其中资源环节的重点是矿石、煤炭等,加工环节则涉及烧结、炼铁、炼钢、铸钢和轧钢等工艺,销售环节主要是分销和促销等(图 4-2)。

"规划"中措施明确规定要扩大国内钢材产品消费,稳定国际市场份额,在经济全球化的今天,材料采购价格全球透明,利润杠杆决定了企业在全球范围内挑选质优价廉的产品,钢铁产业要实施扩大内需、稳定国外市场份额目标,加强品牌建设,提高客户对国产钢材产品的认可度,进行必要的渠道控制是关键,而目前中国钢铁产业下游的钢材产品市场品牌认知和上游的铁矿石进口等仍然存在较大改进空间。技术创新、产品创新和管理创新是中国钢铁产业实现其目标的必经之路。

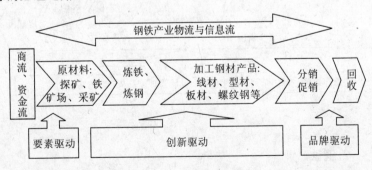

图 4-2　钢铁产业链

3.纺织产业

"规划"规定,要积极扩大国内消费,开发新产品,开拓农村市场,促进产业用纺织品的应用。拓展多元化出口市场,稳定国际市场份额。该措施强调产业链下游的市场拓展,中国农村面积广大,人口众多,作为传统消费的纺织品,中国东部地区发展早,在东部市场趋于饱和的条件下,中西部市场仍然具有广阔的发展潜力。因此,"规划"进一步指出,要制定和完善准入条件,淘汰能耗高、污染重等落后生产工艺和设备。对优势骨干企业和兼并重组困难企业给予优惠支持。东部沿海地区要重点发展技术含量高、附加值高、资源消耗低的纺织产品。推动和引导纺织服装加工企业向中西部转移,建设新疆优质棉纱、棉布和棉纺织品生产基地。

同时,纺织工业品是中国传统的出口产品,在出口中占有重要地位,国际市场竞争的激烈性导致单一的出口方式存在较大局限,必须采用多种途径和手段开拓全球营销网络,稳定并提高市场占有率。而且,为了促进该措施的实施,中央政府在财税方面制定了相关支持政策,如将纺织品服装出口退税率由14%提高至15%,对基本面较好但暂时出现经营和财务困难的企业给予信贷支持。加大中小纺织企业扶持力度,鼓励担保机构提供信用担保和融资服务,减轻纺织企业负担。中央、地方和企业都要加大棉花和厂丝收购力度。

"规划"还规定,在新增中央投资中设立专项,重点支持纺纱制造、印染、化纤等行业技术进步,推进高新技术纤维产业化,提高纺织装备自主化水平,培育具有国际影响力的自主知名品牌。此项措施重心在于纺织工艺技术水平的提升及新材料的使用,高新技术的创新及应用是建立自主知名品牌和提高产业竞争优势的主要途径。"措施"指明了产业发展的方向,即产业链上游的 R&D 核心是行业工艺、材料的研究与开发。

上述措施我们可以看出,以现有成熟的东部市场为基础,向产业链上游的自主研究开发和下游的市场拓展延伸,是纺织工业产业链发展的重点。其产业链形式设想如图 4-3 所示。

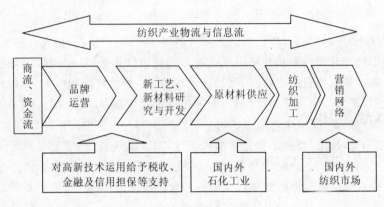

图 4-3　纺织产业链

4.装备制造产业

装备制造业作为制造业发展的"母"产业,在产业及国民经济与国防安全等方面地位举足轻重。针对中国装备制造业中低档发电设备、重型设备及数控机床和大型工程机械等已接近国际先进水平,但大型石化通用设备、高档数控机床、高档大型工程机械等距国际先进水平仍然存在差距的状况,"规划"制定了系列调整转型措施,以重点工程、重大项目对装备产品的市场需求为依托,在自主研发基础上,通过鼓励技术创新提高新材料、新能源以及高新技术在产业方面的运用水平。如提升大型铸锻件、基础部件、加工辅具、特种原材料等配套产品的技术水平,夯实产业发展基础;结合钢铁、汽车、纺织等大产业的重点项目,推进装备自主化;依托高效清洁发电、特高压输变电、煤矿与金属矿采掘、天然气管道输送和液化储运、高速铁路、城市轨道交通等领域的重点工程,有针对性地实现重点产品国内制造。

为实施装备制造业提升发展目标,"规划"在推进结构调整,转变产业增长方式等方面制定了相应辅助性措施。如支持装备制造骨干企业进行联合重组,发展具有工程总承包、系统集成、国际贸易和融资能力的大型企业集团;充分利用增值税转型政策,推动企业技术进步;在新增中央投资中安排产业振兴和技术改造专项;加快完善产品标准体系,发展现代制造服务业;建立使用国产首台(套)装备风险补偿机制;增加出口信贷额度,支持装备产品出口;鼓励开展引进消化吸收再创新,对部分确有必要进口的关键部件及原材料,免征关税和进口环节增值税;加强企业管理和职工培训,改进生产组织方式,提高生产效率和产品质量;推进以企业为主体的产学研结合,支持企业培养壮大研发队伍。这些措施从市场需求的满足到企业的联合重组再到产品标准体系的构建、从政府投资到税收政策对技术改造和技术进步以及关键零部件等进口的支持、从加强研发队伍的建设到强调职工培训与企业管理,不论是产业链的基本活动环节,还是辅助性环节,都充分体现了装备制造业自主研发、自强自立的重要性(图4-4)。

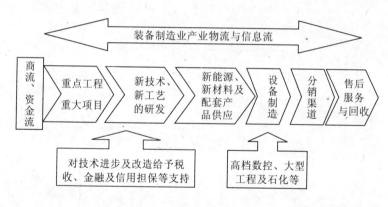

图4-4 装备制造产业链

5.船舶产业

船舶工业是为水上交通、海洋开发及国防建设提供技术装备的现代综合性产业,从使用目的上大致分为四类:海上旅游、海上运输、海上作业、科研和军事。同时,船舶产业对钢铁、化工、轻纺、装备制造、电子信息等重点产业发展具有较强的带动作用。虽然中国船舶产业产品制造目前在世界占据重要地位,特别是集装箱船、散杂货船和油船三大主力船型产量位居世界第一[①],但是在造船设施、效率、质量方面,尤其是配套能力方面,与世界先进造船国家相比还有很大距离。

因此,"规划"从船舶产业链上中下游制定了相应的调整振兴措施,如上游在专用船舶和海洋工程等方面,要加强技术改造,提高自主创新能力,规定对散货船、油船、集装箱船三大主流船型进行优化升级,支持造船企业研究开发新型自升式钻井平台等海洋工程装备,鼓励开发海洋工程动力及传动系统等关键系统和配套设备。提升高技术高附加值船舶设计开发能力,支持填补国内空白、节能环保效果显著及产能不能满足市场需求的船舶、海洋工程装备和配套产品研发(图4-5)。

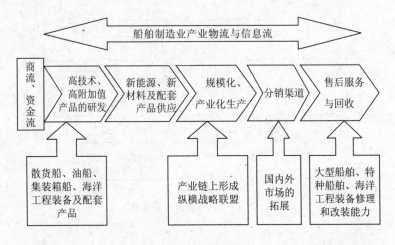

图4-5 船舶产业链

---

①资料来源:船舶工业产业链源头概况分析,中国水运杂志,中国贸易救济信息网,2010-01-22,编辑:满颖

在上中游的采购和生产阶段,加大信贷融资支持力度,支持大型船舶企业和航运企业按期履行造船合同,采取鼓励措施支持购买弃船。指导船舶企业合理安排生产计划,保持生产连续性。鼓励骨干船舶制造企业实施兼并重组,推动大型船舶企业与上下游企业组成战略联盟,引导中小船舶企业调整业务结构。

下游阶段,加快老旧船舶报废更新和单壳油轮淘汰,积极发展远洋渔船、特种船、工程船、工作船等专用船舶;努力开拓国际市场,扩大高技术高附加值船舶和海洋工程装备的国际市场份额;鼓励造船企业利用现有造船设施开展修船业务,增强大型船舶、特种船舶、海洋工程装备修理和改装能力;规范发展拆船业(图4-5)。

6.电子信息产业

电子信息产业是国民经济战略性、基础性和先导性支柱产业。主要包括芯片和元器件的设计与生产、组件及整机的装配。目前,中国电子信息产业主要处于全球电子信息产业链中下游的一般元器件、组件及整机的加工与组装,芯片及核心元器件的研发与生产主要依靠进口,产业缺乏精湛的生产工艺,核心技术标准制定在全球电子信息产业链中无话语权。因此,必须强化自主创新,完善产业发展环境,提高整个产业在全球产业链中的地位。

为此,"规划"对延伸与提升整个产业链作出了系列规定,以产业链为平台,"抓两头、稳中间",即立足自主创新,突破关键技术,着重建立自主可控的集成电路产业体系,突破新型显示产业发展瓶颈,提高软件产业自主发展能力;围绕电子信息产业市场,大力推动业务创新和服务模式创新,强化信息技术在经济社会各领域的运用,着重在通信设备、信息服务和信息技术应用等领域培育新的增长点。同时,确保骨干产业稳定增长,着重增强计算机产业竞争力,加快电子元器件产品升级,推进视听产业数字化转型(图4-6)。

为更好实施这些目标,"规划"还提出了具体的行动部署,即落实内需带动,拓展电子信息产品应用和产业发展空间;调整高新技术企业认定目录和标准,强化自主创新能力建设,加大投入,集中力量实施集成电路升级、新型显示和彩电工业转型、第三代移动通信产业新跨越、数字电视推广、计算机提升和下一代互联网应用、软件及信息服务培育六大工程,鼓励引导社会资金投向电子信息产业。而且,从公共服务平台、产业政策及税收政策等方面给予支持,如加快实施相关国家科技重大专项,支持优势企业兼并重组,完善公共技术服务平台;促进发展服务外包,支持企业"走出去"建立研发、生产基地和营销网络;加大鼓励软件和集成电路产业发展政策实施力度,落实数字电视产业政策,推进"三网融合";继续保持电子信息产品出口退税力度,进一步发挥出口信贷和信用保险的支持作用,扩大中小企业集合发债试点。

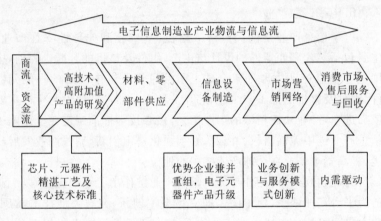

图 4-6　信息产业链

7.轻工业

工信部数据显示,2009 年中国轻工业总产值 10.76 万亿元,占全国工业总产值 19.7%;轻工业规模以上工业企业 12.28 万个,占全国规模以上工业企业数的 28.9%;轻工全行业出口 2 778.4 亿美元,占全国出口的 23.1%。2010 年,轻工全行业吸纳就业人数超过3 500 万人。由于轻工业多数行业涉及农副产品的深加工,2 亿多农民直接受益[①]。轻工业是丰富人民物质文化生活的重要产业，承担着繁荣市场、扩大就业、服务"三农"的重要任务。以产业链下游的国内外消费市场为切入点，强调产品质量、环保与高技术含量，特别是食品安全问题的重要性，由下游的市场需求驱动产业链中上游的产品加工和技术研发（图4-7）。

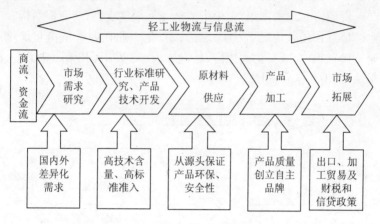

图4-7　轻工产业链

"规划"明确规定增加国内有效供给；改善外贸服务，保持出口市场份额。重点推进装备自主化和关键技术产业化，加快造纸、家电、塑料等行业的技术改造。建立产业退出机制，推进节能减排和环境保护。整顿食品加工行业，提高准入门槛，健全召回和退市制度，加大对制售假冒伪劣产品违法行为的惩处力度。企业方面，加强企业管理，全面提高轻工产品质量；支持自主优势品牌企业跨地区兼并重组，提高产业集中度；加大对中小轻工企业的财税和信贷支持；进一步扩大"家电下乡"补贴品种。产业方面，政府要加强政策引导，推动产业转移，培育发展轻工业特色区域和产业集群；对部分劳动密集型

和技术含量高、节能环保的产品取消加工贸易限制;进一步提高部分轻工产品出口退税率。

8.石化产业

石化产业主要涵盖石油和天然气开采业、石油加工及炼焦业、化学原料及制品制造业、化学纤维制造业、橡胶制造业、塑料制造业。产业资源资金技术密集,上中下游产业间关联度高,产业链结构和产业链信息传递效应显著(图4-8)。石化产业在调整结构和优化产业布局过程中,既要扩大内需,稳定市场,又要加大技术改造力度,控制总量,淘汰落后产能。

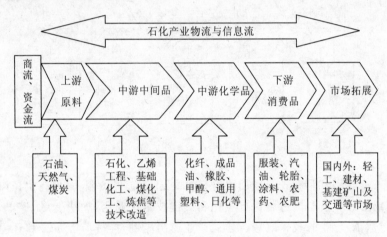

图4-8　石化产业链

为此,"规划"从下游市场和中游生产分销渠道着手规定:落实国家扩大内需、振兴重点产业和粮食增产等综合措施,拉动石化产品消费;加强进出口监管,完善能源产品价格形成机制;调整化肥农药生产结构,优化资源配置,降低成本,增加供给;完善化肥氮储制度,加强农用柴油供应网络建设。在上游,则以技术改造和循环经济为重点,抓紧组织实施在建炼油、乙烯项目,增强产业发展后劲;停止审批单纯扩大产能的焦炭、电石等煤化工项目,坚决遏制煤化工盲目发展势头,推广资源综合利用和废弃物资源化技术,发展循环经济。为保证产业链正常运转,"规划"在税收、信贷及管理方面制定了相应支持措施,如规定要抓紧落实成品油储备,完善税收政策,增加技改投入,加大对石化企业的信贷支持;要完善公司治理结构,加强科学决策,增强风险防控能力,提高石化企业管理水平。

9.有色金属产业

有色金属产业是资源密集型与劳动密集型相结合的基础产业,有色金属材料是航空、航天、汽车、机械制造、电力、通讯、建筑、家电等产业生产的基础性材料,有色金属产业链指围绕有色金属生产及服务所形成的系列相互联系、相互依存的环节之间的上下游链条,包括矿产勘探、矿产开采、选矿、冶炼、金属加工(粗加工和精加工)以及终端消费品生产等主要环节(图4-9)。从整体上看,中国有色金属行业特点是产能过剩、产业集中度低、在国际上没有足够话语权。因此,控制总量、淘汰落后产能、技术改造、企业重组是推动产业结构调整和优化升级的重点。

"规划"聚焦市场和技术改造,出台了系列实施和敦促实施的措施,以尽快完成产业升级、提高产业在全球产业的竞争能力。如调整

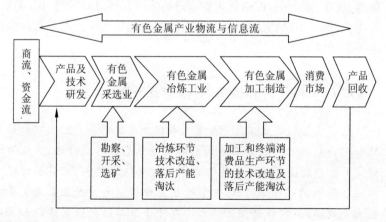

图4-9　有色金属产业链

产品结构,满足电力、交通、建筑、机械、轻工等行业需求;支持技术含量和附加值高的深加工产品出口;开发前沿共性技术,提高装备工艺水平和关键材料加工能力,控制总量,加快淘汰落后产能;优化产业布局,加强企业管理和安全监管,提高产业竞争力;加快建设覆盖全社会的有色金属再生利用体系,发展循环经济,提高资源综合利用水平等。同时,国家安排贷款贴息支持企业技术改造,抓紧建立国家收储机制,调整产品出口退税率结构。

10.物流业

在十大传统产业中,只有物流是融合运输、仓储、货运代理和信息等行业的复合型服务产业,其他九大产业均为传统制造业。但这九大产业转型升级、由大变强都离不开物流业服务体系的发展与完善。因此,"规划"制定了振兴物流业的九大重点工程,既多式联运和转运设施、物流园区、城市配送、大宗商品和农村物流、制造业和物流业联动发展、物流标准和技术推广、物流公共信息平台、物流科技攻关及应急物流等,并出台了相应的实施措施,一要促进物流企业与生产、商贸企业互动发展,推进物流服务社会化和专业化;二要培育一批服务水平高、国际竞争力强的大型现代物流企业;三要推动能源、矿产、汽车、农产品、医药等重点领域物流的发展,加快发展国际和保税物流;四要加强物流基础设施建设,提高物流标准化程度和信息化水平。

专栏 4 - 1　　　　中国装备制造业转型升级十大方向

中国装备制造业正处于发展的关键战略机遇期。国际环境的变化和国内经济的发展要求中国装备制造业尽快转型升级,实现可持续发展。中国国际经济发展研究中心行业特邀研究员、美国格理专家团资深顾问罗百辉指出,转型升级是中国装备制造业未来十年发展的主旋律,而实现转型升级核心在于降低单位产值的能耗和资源消耗,减少对环境的影响,提高产业的效率和效益,提升在世界制造业产业链中的地位,将产业的发展建筑在依靠科技进步和提高劳动者素质的基础上。转型升级涉及很多方面、很多问题,从宏观层面讲,产品结构调整、产业结构调整、发展方式的转变,都是应有之意。当前,以下 10 个方面应是产业和企业升级转折点。

1. 从生产型制造转向服务型制造

中国制造业是以加工、生产、装配及组装为主体的制造业,装备制造业亦如此。这种形态的产业,资源消耗高、环境影响大、效率效益低,而制造业发展的趋势是以产品制造与增值服务相融合的产业形态,即服务型制造。因此,中国装备制造业应加快发展现代制造服务业,向加工、生产、组装环节的两头延伸,提升在世界制造业产业链中的地位,提高国际竞争力,提高为用户服务的能力和水平。

2. 从高耗多污转向绿色制造

中国装备制造业虽不是高耗能产业,对环境的影响比起有些产业来要小得多。但与国际先进水平相比差距很大。装备制造业是向各产业部门提供装备的产业,装备的水平在相当程度上决定了用户的节能降耗水平。装备制造业自身的生产过程同样要实现节能降耗,因此必须发展绿色技术、绿色工艺。从产品全生命周期着眼,从设计、加工到包装、回收的各个制造环节都实现绿色化。

3. 从注重量的扩张转向注重质的提高

在产业高速发展时期,往往注重量的扩张,注重市场订单的获得,而容易忽略质的提高,忽略内在能力的提升。量的扩张必然消耗过多的资源,实际上是难以为继的。当量的扩张、铺摊子的思路遭遇市场突变的情况时,更是处于危险境地。当前市场环境比较严峻,企业应着力于产品质量的提高,着力于企业素质的增强,着力于企业能力的提升,唯有如此,才能可持续发展,才能应对环境和市场的变化,才能立于不败之地。

4. 从重主机、轻基础转向主辅配协调发展

过去若干年的发展中,为了尽快获得市场份额,可以说是走了一

条"逆向发展"的路,即先考虑满足市场需要,制造出主机交用户,关键零部件从国外进口。这条路使装备制造业迅速发展,但关键部件对装备制造业发展的制约日益显现。近年来,主辅配协调发展的舆论和氛围逐渐形成,重视基础、重视关键部件的发展渐成共识。产业发展到目前的规模,应该说从"逆向发展"思路回归到重基础、发展关键零部件已经具备了条件。有条件的企业则应从主机发展延伸到关键部件的生产。

5. 从类比学习转向自主创新

以往,装备制造企业的创新能力薄弱,"产品看同行",一旦市场出来某种产品,很多企业立即跟上,马上同类产品充斥市场。这些企业的类比学习能力不能说是不强,但非长久之计。用户需求不断变化,市场终究青睐创新。类比始终在"红海"中拼杀,创新才能在"蓝海"中遨游。自主创新需要技术能力的积聚。加大科技投入、激励科技人员、注重技术能力积聚是装备制造企业转型升级的技术基础。

6. 从重硬轻软转向软硬兼施

硬件是有形的、易见的,软件很重要但往往被人们忽视。技术改造时,盖厂房、添设备固然重要,但工艺、流程、管理及技艺更重要。同样的设备,不同的企业可以生产出品质不同的产品,关键在工艺、流程、管理及技艺的掌握。企业间的竞争更大程度上取决于软实力的强弱,产业发展很大程度上得益于软环境的好坏。软硬兼施,无论对于地区、对于产业、对于企业,都是提升自己的重要措施。

7. 从偏重通用型转向发展专用型

通用型产品是装备制造业的大路货,也是多数企业所熟悉和擅长的,但也是竞争最激烈的。用户的需求不仅不断变化,而且需求的多样化和个性化日益突出,通用型的产品已经难以适应市场的变化和用户的要求。

专用型产品针对用户工艺和工况,效率高、效益好、操作简便、功能精化,更受用户欢迎。相对于通用型产品而言,专用型产品也是一种资源的节约。企业需要不断开发适应市场、满足用户要求的各种专用型产品，既实现了差异化竞争，也调整了产品结构。

8. 从熟悉传统产业转向致力新兴产业

装备制造业传统的用户是钢电煤化油，通用的产品是泵阀机釜器，主要对应重化工业部门的需求。随着新技术的不断涌现、经济发展方式的改变和社会结构的演进，围绕提高人民生活质量、发展低碳经济等方面的要求，一批新的产业正在孕育成长。新一代通信网络、生物医药、节能环保、新能源、新材料及电动汽车等领域所需要的高端装备，有些刚起步，有些水平还很低，有些则很生疏。这些新兴产业所需的装备，前景诱人，将是装备制造业新的增长点，也是产品升级的重要方面。

9. 从关注机械技术转向融入信息技术

机械工程技术是一门通用性强的基础性技术，是传统的技术。技术变革的日新月异，也给机械工程技术注入了新的元素、新的活力，其中与信息通信技术的结合和融合，最为广泛、最为有效。机械产品中融入信息技术，从产品设计、制造过程到企业管理应用信息技术，已成为不可逆转的趋势和现实。如今，装备制造企业离开信息技术恐怕寸步难行。装备制造业与信息通信技术的融合，正在向深度和广度进发，仅仅关注机械技术的发展已远远不够了。主动积极地将信息通信技术与机械制造技术融合在一起，必将使装备制造业发生深刻的变化，装备制造业将跃上一个崭新的发展阶段。

10. 从粗放管理转向精益管理

中国装备制造业就总量和规模而言，已进入世界前列，但产业的水平、效率和效益与先进国家相比，存在不小差距。不少装备制造企业依然是粗放式管理、外延式增长，有些甚至还停留在作坊式的生产，造成大量资源浪费和环境恶化。精益管理就是把企业视作一个系统，寻求系统中各个环节、各个部分间的协调、通畅、精化，去除一切不必要的浪费，从而使系统高效运转。

这是一个过程,是一个渐进的不断提升的过程。一个产业,也同样存在精益的问题,产业内部构成的协调、企业生产过程内外部环节的无缝连接、产能与需求的匹配等,都是一个产业能否高效运转的关键,也是广义上的产业的精益管理。中国装备制造业从粗放管理走向精益管理,还未引起广泛的重视,任务十分艰巨,还有一段漫长的路。

近几年,我在对很多地区和很多装备制造企业进行的考察中,深感中国装备制造业转型升级之必要和紧迫,深知当前战略转型期之难得和稍纵即逝。转型升级,只有每一个装备制造企业切切实实在以上 10 个方面不懈努力,才有可能实现。

资料来源:世界工厂装备制造网.2011-06-08.编辑:阿呆

4.1.2　七大战略性新兴产业

2010 年 10 月 10 日,国务院颁发了《国务院关于加快培育和发展战略性新兴产业的决定》[①],"决定"提出了七大战略性新兴产业,即节能环保、新一代信息技术、高端装备制造、生物、新能源、新材料、新能源汽车,其中前四个产业为国民经济支柱性产业,后三个产业为国民经济先导性产业。

1.节能环保

它是指在国民经济结构中,以防治环境污染、改善生态环境、保护自然资源为目的而进行的技术产品开发、商业流通、资源利用、信息服务、工程承包等活动的总称,是跨产业、跨领域、跨地域,与其他经济部门相互交叉、相互渗透的综合性新兴产业,包括生产中的清洁技术、节能技术以及产品的回收、安全处置与再利用等。它主要涉及工业设备领域的节能减排改造、节油及石油替代、节能照明、污水处理等。

2.新一代信息技术

其主要包括宽带、泛在、融合、安全的信息网络基础设施建设、新

---

① http://www.gov.cn

一代移动通信、下一代互联网核心设备和智能终端的研发及产业化、三网融合、物联网、云计算的研发及其示范应用等方面。重点在于发展集成电路、新型显示、高端软件、高端服务器等核心基础产业;提升软件服务、网络增值服务等信息服务能力以及加快信息技术的应用等领域。

3.高端装备制造

它是指制造业的高端领域,包括传统制造业的高端部分和新兴产业的高端部分。具有知识和技术密集、多学科与多领域高、精、尖技术的交叉与集成和高附加值等特点,是产业链的核心环节,决定着产业链整体竞争力的水平。高端装备制造业既是带动整个装备制造产业升级的引擎,又是培育和发展战略性新兴产业的基础。

4.生物技术产业

其主要包括生物技术产品研制、规模化生产和流通服务等,涉及医药、农业、海洋、环境、能源、化工等多个领域。其中,生物技术指以现代生命科学理论为基础,利用生物体及其细胞、亚细胞和分子组成部分,结合工程学、信息学等手段开展研究及制造产品,或改造动物、植物、微生物并使其具有所期望的品质和特性,为社会提供商品和服务的综合性技术体系①,如基因工程、细胞工程、发酵工程、酶工程、生物芯片技术、基因测序技术、组织工程技术、生物信息技术等。

5.新能源

2009 年,国家能源局规划司酝酿出台了《新兴能源产业发展规划》②。"规划"就 2011 年至 2020 年开发与应用新能源及其技术提出了相应实施路径、发展规模以及对策。这些新能源包括先进核能、风能、太阳能、生物质能、地热能、非常规天然气等和可再生能源的开发利用、洁净煤、智能电网、分布式能源、车用新能源等能源新技术。

---

①、②资料来源:百度百科

6.新材料

它是指新近发展或正在研发的、性能超群的、具有比传统材料性能更为优异的一些材料，主要包括建材、化工新材料、水泥制造、玻璃制造、陶瓷制造、磁性材料、半导体材料等。

7.新能源汽车

除汽油、柴油发动机之外所有其他能源汽车，主要包括燃料电池汽车、混合动力汽车、氢能源动力汽车和太阳能汽车等四大类。新能源汽车的最大特点是废气排放量比较低。根据国家《节能与新能源汽车发展规划(2011—2020年)》草案，到2020年中国将实现插电式混合动力汽车及纯电动汽车的产业化；同时将加快研发燃料电池汽车技术。

《中华人民共和国国民经济和社会发展第十二个五年规划纲要》[①](以下简称"纲要")明确提出，要"以重大技术突破和重大发展需求为基础，促进新兴科技与新兴产业深度融合，在继续做强做大高技术产业基础上，把战略性新兴产业培育发展成为先导性、支柱性产业"。"纲要"把战略性新兴产业的发展摆在国民经济和社会发展中十分重要的地位，其中蕴涵着丰富的寓意：一是战略性新兴产业是传统制造业转型升级的关键，"转型升级"意味着对高技术、新技术的迫切需求，对新的生产模式和商业模式的迫切需求，而战略性新兴产业正是高新技术和新的生产及商业模式所需技术的聚集领域。二是发展战略性新兴产业是我国当前市场发展现状的迫切需求，在江苏无锡，物联网产业基地已经初露头角；在重庆，两江新区正在成为战略性新兴产业的聚集高地，5年内两江新区战略性新兴产业的产值将达到2 500亿元；在安徽，平板显示、LED光电和光伏产业基地已初具规模，"十二五"末安徽的战略性新兴产业产值将突破1万亿元，等等。同时，根据国家前期的规划，到2015年七大战略性新兴产业的

---

① 资料来源:http://www.gov.cn

增加值占 GDP 的比重将提高到 8％,到 2020 年将升至 15％[①]。三是当前战略性新兴产业在中国发展面临较多问题,如体制的、机制的和政策的:原有计划经济体制、机制和政策弊端,将制约着战略性新兴产业的发展。中国当前市场经济环境方面的:战略性新兴产业中高新技术在产品生产中的使用会给企业带来较高的生产方式和管理方式的成本,市场激烈竞争的压力迫使企业在采用高新技术时非常慎重,这势必妨碍高新技术创新成果市场化和产业化的进程。还有战略性新兴产业发展的配套设施方面问题:科技、商业、金融、信息等服务,都会直接影响战略性新兴产业的成长。

鉴于战略性新兴产业发展的必要性及现实存在的问题,工业和信息化部部长苗圩认为[②],发展战略性新兴产业决不能脱离现有工业基础,要高度重视新兴科技与传统产业融合,通过做强传统产业,为新兴产业提供坚实基础;反过来,通过新兴产业的发展,带动传统产业改造提升。同时,要注重发展工业设计、现代物流、信息服务等生产性服务业,为新兴产业的成长与发展创造良好的支撑条件和市场环境。培育发展战略性新兴产业,技术创新是重点,既要利用全球创新要素和资源,还要把本土企业拥有自主知识产权作为战略的导向和主要的目标,并要加大科技成果转化的力度。技术创新同时,还要高度重视商业模式的创新和市场配套设施的建设。"比如新能源发电就需要储能等相关设施的配套,物联网的配套也需要组织、实施智能交通、智慧城市等示范工程,要为新兴产业的产业化、商业化搭建平台。"

4.1.3 十大传统产业与七大新兴产业资源的耦合

十大传统产业与七大新兴产业共同构成中国制造业的产业框架体系。产业与产业之间相互连接、相互影响、相互促进与融通;同时,各个产业具有各自的资源特点和技术要求,在整个产业体系中又发

---

① 、②资料来源:新华网,新华社记者何宗渝、刘菊花,2011 - 03 - 24

挥着不同作用,这些产业之间资源与技术的共享、传递与整合,使产业方面的创新能力得到增强,产业因之达到提升式发展。

十七大产业中,装备制造、汽车产业(特种车辆部分)和船舶产业是整个产业体系的骨架,高端装备制造业是这些产业提升式发展的目标;钢铁、石化和有色金属等产业是整个产业体系的基石,新材料的开发与运用既能夯实"体系"基础,又是这些产业转型升级努力的方向;电子信息、物流是整个产业体系发展的脉络,承担着整个"体系"信息、资源、知识、技术及物料等要素储存与传递的重任,新一代信息技术和现代物流网络的建设对制造业转型升级式发展至关重要;轻工、纺织、汽车(家庭轿车)、新能源汽车和生物等产业关系民生问题,是整个产业体系发展的稳定器和终端目标。自然资源、自然环境与人类是一种共生共灭的关系,为了人类的可持续发展,各个产业在升级式发展过程中,节能环保、新能源和新材料必须贯穿每个产业始终,这些产业开发的技术在其他产业中应该得到大力推广与运用,使整个"体系"做到真正意义上的生态运行(图4-10)。

图4-10 重点产业关联树形图

4.2 中国制造业产业链发展路径

中国制造业通过对传统产业进行信息化改造和高新技术运用，形成现代制造业产业链发展路径(图 4-11)，其中高端装备制造业是现代制造的"母"产业，数字化和智能化产品制造是现代制造业的"子"产业，高新技术产业和现代生产型服务业是制造业现代化标志性产业，服务型制造业则是制造业转变经济发展方式追求的高级目标，这是一种制造与服务相融合的新的产业形态，不仅向客户提供产品，而且还提供依托产品及产品生产的各类服务，或整体解决方案①。

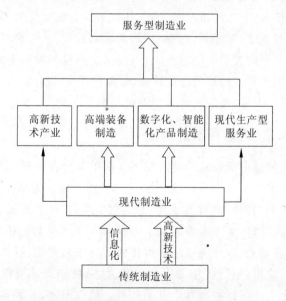

图 4-11 现代制造业产业链发展路径

---

①朱森第(中国机械工业联合会专家委员会)，未来十年中国制造业的发展. 第四届中部六省人才论坛，2010 年 9 月 6 日，长沙

4.3 基于中国制造业产业链发展路径的人才种群

4.3.1 人才种群构成

种群是生态学术语,指生物种群在一定时间内,占据一定空间,具有相似形态、生理和生态特性且能相互交配繁殖后代的同一个生物种的一群个体。本书中人才种群则是指一定时空范围内,专业上具有相似性、能力上具有传承性、知识信息上具有传导性并能不断演化提升的人才群体。围绕中国制造业产业链发展路径,中国制造业急需开发不同层次的各类人才种群队伍,按专业包括研究开发型人才、信息技术人才、高新技术人才、具有丰富实践经验的工程技术人员、复合型人才(跨领域、跨学科、跨专业)、技能人才、管理人才和物流、金融及咨询等生产型服务人才;按层次则包括领军人才、学术带头人、大型工程(项目)的总设计师、总工程师、高级技能人才、高层次创新型科技人才、高层次复合型管理人才等。

4.3.2 人才种群的运行

人才种群内部以及种群之间不是简单集合在一起,而是以领军人才和学术带头人为种核,以重点企业或重大项目为平台,吸引不同层次人才向"种核"靠拢与聚集,并通过衍生、扩张与拓展,成为更大范围、更大规模、更大影响的人才集群,随着人才集群的扩大,其引力场效应、联动效应、反馈效应和群体效应越来越突出,群体竞争力不断增强。这里,"种核"指领军型科研人才、管理人才或学术带头人等。整个人才集群根据共生互利和整合效应原理,各种群通过专业化分工和社会化协作有机地联结在一起形成人才生态体系,按照竞争与合作、优胜劣汰的自然生态运作规律,实现知识、技能、信息、劳动成果、经验和能力的消耗、传递与提升(图4-12)。

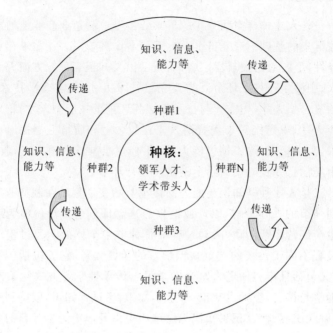

图 4 - 12　制造业内生态人才种群运行

4.3.3　人才种群运行的特点

1.人才种群内部生态运行特点

人才种群是由不同的个体组成,这些个体在年龄、性别、能力素质、知识结构等方面具有一定差异性,正是这些差异性,直接导致种群内的引力场效应,凝聚知识结构不同而互补、能力素质大小各异的个体集合。集合中通过信息、知识和能力等能量的相互影响、相互补充以及相互传递,产生新的思想与创意,促进种群在专业上的提升及向边缘学科的延伸。同时,人才种群虽由人才个体组成,但并不是人才个体的简单叠加,而是有规律地组成一个整体,并表现出人才个体所不具备的一些群体特性。

一是人才种群空间分布的群集成群型。制造业产业链的形成是人才群集的基础。产业链上、中、下游各个环节对人才需求存在很大差异性；上游对研发、设计、咨询、金融以及知识管理等方面人才需求量大；中游生产加工环节既需要大量技术人才，又需要懂技术、懂管理的复合型人才，更需要与技术发展相匹配的技能型人才，特别是高技能人才；下游则对市场营销人才在数量上和质量上都提出了更高要求，需求量大，除了销售能力外，还必须能制订营销方案，收集、处理市场信息并及时反馈给上游研发设计环节。

二是人才种群知识与能力的传承与嬗变。聚集在制造业产业链不同环节的人才种群，以产业链核心理念即创造客户价值为中心从事生产经营实践活动，活动过程即是种群中个体的学习过程。该学习过程不同于传统的注重知识学习的学校教育，它既包括传承性学习，又包括且更多体现为嬗变性学习。传承性学习方式注重对知识的理解与接受，教师讲知识，学生学知识，考试考知识，以达到克服无知、解除困惑、保存积累知识与继承历史以及以史为鉴等目的。制造业产业链上人才种群内个体通过传承性学习在知识积累与运用达到一定程度后，实践中层出不穷的新问题促使个体学习的主动性与能力随之不断提高，在尽力解决各种新问题的过程中，能发现并习得更多有用的新知识、新思想及新创意，个体原有的知识嬗变为新的知识与创造性能力，这些新知识与能力在种群内个体相互合作、学习与沟通中传递给其他个体；依此类推，整个种群在这样的传承与嬗变中不断得到前进与提升。

三是人才种群增长特有的优胜劣汰性。制造业产业链人才种群的增长要受到产业链整体规模的限制。产业链各环节在整体规模的约束下，各环节对人才种群的承载力有限，种群内个体的存在与发展在优胜劣汰中更替，但与自然界物种生存法则不同的是，人才种群中个体的优胜劣汰掺杂有更多的情感因素与社会因素，毕竟感情与社会关系的维系是人类与其他动物的主要区别。因此，制造业产业链人才种群的增长只能以一种温和的、渐进的、渗透与阻滞性的方式向前推进。

2.人才种群之间生态运行特点

一是人才种群间关系的复杂性。自然界中一定地段上所有生物种群的集合，就会形成一个生物群落，群落中每一个生物种群与其他生物种群之间都存在着相互联系、相互制约和相互补偿的关系，多个生物种群长期共存于同一环境中，共同形成一个具有一定结构和功能的有机整体。基于中国制造业产业链的人才种群之间同样存在着相互依存、相互制约和相互补偿的关系。如果用"＋"、"－"和"0"分别表示某一人才种群对另一人才种群的成长与发展产生有利、抑制和无影响，则两个人才种群之间的关系可表示为表 4－1。

人才种群间竞争、捕食、寄生和偏害作用都属于种群之间的负相互作用。负相互作用并不意味着有害，只是使受影响的种群增长率降低。从种群演化的角度来看，负相互作用可控制种群的过度增长，提高种群的适应性，有利于种群的进化。同时，负相互作用是人才生态系统的一种重要的自我调节机制，有利于人才生态系统的稳定。这与人才市场的供给和需求规律不谋而合。当某一人才种群市场供给增加，在超过需求所能容纳的数量时，将导致人才价格的下跌，这时，该人才种群的个体将流向其他相近的人才种群。如此循环往复形成了人才种群之间的竞争、捕食、寄生和偏害关系，以达到种群间的生态平衡。

人才种群之间的偏利作用、原始合作和互利共生作用属于正相互关系。偏利共生指对一个人才种群有利，而对另一个种群无影响的种间关系，它是一种最简单的正相互关系。原始合作或协同指两个人才种群存在于同一时空，各有所得，但二者并不存在依赖关系，离开这种协作关系，二者也能独立生存。如制造业产业链上游的研发人才与金融人才，两者在产业链的高端都能得到产业链带来的高附加价值，但两者可以合作也可以各自独立存在。互利共生或互惠共生指两个人才种群长期共同存在于同一空间，彼此相互依赖、相互

表 4 - 1　两个人才种群之间的相互关系

作用类型	种群 1	种群 2	相互作用的一般特征
中性作用	0	0	两个种群彼此都不受影响,如物流人才与营销人才
竞争:直接干涉型	−	−	两个种群相互抑制,如研发人才与工艺设计人才
竞争:资源利用型	−	−	资源缺乏时间接相互抑制,如研发人才与营销人才对资金投入需求的竞争
偏害作用	−	0	种群 1 受抑制,种群 2 不受影响,如技术人才与营销人才,由于营销收入高导致技术人才流向营销人才
寄生作用	+	−	寄生者得利,宿主受抑制,如管理类与专业技术人才间,专业技术人才是制造业人才资源的宿主,而管理人才则是寄生者(即依托于制造技术而存在),但因管理岗位工资高,技术岗人才往往涌向管理岗
捕食作用	+	−	捕食者得利,猎物受抑制,如工程技术人才与信息技术人才间,前者的发展对后者需求不断增加,发展前景好,导致后者人才种群发展受限制
偏利作用	+	0	共生者得利,宿主无影响,如不同层次的人才种群之间,低层次人才能力在高层次人才带动下得到提升
原始合作	+	+	二者均有利,但不发生依赖关系,如产业链上游的研发人才与金融人才,上游的高附加价值对两者发展都有利,但两者之间可合可分
互利共生	+	+	双方都有利,且彼此依赖,如产业链上的高新技术人才与高技能人才,制造业产业链整体效益的提升,这两类人才在数量、质量以及结构上的有机匹配是基础

依存、互惠互利,且达到了彼此不能离开的程度,它是原始使用的进一步发展。如制造业产业链上的高新技术人才种群与高技能人才种群是密不可分的,制造业产业链上采购、加工、营销、信息等各环节人才种群也必须有相应的物流人才在数量、素质以及规模上与之匹配,才能做到整个产业链运作效率与效益的提升。

二是产业链人才种群调节的多样性。人才种群调节指种群自身、不同种群之间以及种群所处环境对种群数量的影响,使种群数量表现出一定的动态变化和相对的稳定性。人才种群调节主要由种内自我调节、种间牵制和产业链环境适配组成。

种内自我调节指当人才种群数量过剩时种内个体的一种自适应行为。种群密度越大,个体间的竞争就会越激烈,竞争的结果是:一部分个体优势突显,成为种群的佼佼者;一部分个体维持在种群中的现有地位;一部分个体则流向其他种群或离开现有产业链环境,寻求其他发展机会,各部门个体的分配大体呈正态分布。人才种群内部的自我调节主要有下列几种形式:其一是行为调节。即种内个体间通过行为相容与否来调节种群的数量,如根据种群个体性格、性别、年龄、专业素养、品德和群体目标是否协调来调节种群结构和数量。其二是培训调节。种群内个体能力各异,根据产业链发展需要,各个体通过自我培训或接受来自企业安排的培训提高自身岗位适应能力,在岗位竞聘过程中优胜劣汰。其三是流动调节。种群数量通过市场竞争选择得到优化,适应能力强者流向高一级岗位,适应能力弱者流向次一级岗位,适应能力适中者则保持现有岗位。

种间牵制指产业链中各人才种群之间的相互作用和相互影响,任何一个人才种群都不可能孤立地存在于制造业产业链中,产业链的目标是各人才种群存在的共同目标和基础,产业链目标的实现是各人才种群存在价值及协同效率的具体体现。因此,制造业产业链中各人才种群在相互制约与促进中运行与发展。如产业链上的物流人才与信息人才,必须根据制造业产业链的发展需求进行整合各自资源与能力,才能有效提高制造业产业链的整体运作效率。

产业链环境适配指制造业产业链整体发展规模、发展水平以及发展方式等对人才种群的影响。首先,发展规模直接决定各人才种群的需求规模,人才种群规模过大或不足都会制约产业链的发展效率,"过大"会带来产业链人才冗余,导致人工成本过高而降低产业链效益;"不足"则直接制约产业链的运行速度。其次,发展水平决定吸引和凝聚人才的强度,发展水平包括技术水平、资源整合水平以及创新水平,发展水平低则人才种群发展平台低,不但不能吸引产业链外部优秀人才,而且连内部优秀人才也留不住,如此发展的结果就是整个制造业产业链被市场淘汰。因此,制造业产业链必须加大高新技术在产业链中的运用,努力提升自身的技术水平与创新能力。同时,以产业链整体发展目标为航标,提高产业链不同链节资源的整合能力,创造 1 加 1 大于 2 的产业链效率。第三,发展方式的转变急需配备相适应的创新型人才,发展方式则指产业链发展是以粗放式、集成式还是以集约式的方式发展。"粗放式发展"以大量资源和能源消耗以及环境污染为代价,"集成式发展"指两个或两个以上的子系统集合成为一个有机整体的过程。这种集成不是各个子系统之间的简单叠加,而是旨在提高各子系统质量,把这些系统按照一定的集成规则有机组合在一起,以提高整个有机系统的功能。"集约化发展"主要指以经济效益和社会效益为核心对生产经营诸要素进行重组,通过经营要素质量的提高、要素技术含量的增加、要素投入比例的恰当以及要素组合方式的调整实现成本最小化、投资收益最大化。中国制造业经过几十年的发展,已经历过前两个发展阶段,并逐步形成了相对明确的产业链发展体系。当前,中国制造业产业链正在经历第三个阶段即"集约化发展"阶段。以制造业产业链为核心,重组产业链上各生产要素,提高各要素技术含量、运作效率及产品与服务质量,加大高新技术在产业链上的应用,是目前中国制造业产业链提升的必经之路。而在资金、厂房、技术及人力等各生产要素中,技术是重点,技术的升级离不开人才创新性的工作,因此,人才是"集约化发展"的关键。人才种群必须按照中国制造业产业链"集约化发展"的需求,经历一个竞争、培训、优胜劣汰、流动与遴选的调节过程。只有这样,才能尽快提高中国制造业产业链的整体效率与效益。

三是人才种群间生态系统运行的层级性。人才种群生态系统指以人才知识、技能、能力、劳动成果、经验和教训等为纽带形成的在工作上相互衔接、信息上相互传递、知识上相互渗透、能力上相互传承的人才队伍,整个系统的运行必须遵循人才个体运行规律、人才种群内生态循环规律及其外生态循环规律,以达到人才个体与人才群体在知识、信息和能力等能量转换中的生态平衡,最终实现个体与群体整体工作效率的提升。人才种群与种群、种群与环境之间通过知识、信息、能力等能量之间的相互传递与相互影响而形成有序的层级系统。该系统通过合理的资源配置,系统内不同层级种群的有序排列,形成结构和功能健全的信息传递网络,防止和抑制种群间功能相互抵消的现象发生,以达到在等量资源的投入条件下生产出更多的产品,创造出更高的效益。

专栏 4-3   **领军人才培养计划在行动**

"重点培养引进各类高层次创新型科技人才 2.5 万人以上;凝聚一批世界一流科学家;重点支持培养 2 000 名左右中青年科技领军人才"。

2011 年 7 月 14 日,中科院研究生院组织召开首届科技领导力研讨会,科技部政策法规司副司长翟立新在会上表示,为扭转科技界"帅才"稀缺的局面,中国的科技领军人才培养计划已经在行动。

目前,培养造就科技领军人才的思路是:立足国内与加强引进相结合,事业支持与环境营造相结合,高端引领与整体推进相结合,支持已成名的"显才"与培养青年"潜才"相结合。

翟立新说,2010 年公布的《国家中长期人才发展规划纲要》里有三个计划与领军人才培养息息相关。一是下半年即将实施的创新人才推进计划,要培养一批科技大师、中青年科技领军人才和优秀创新团队,"相关文件正交国务院报批中"。二是海外高层次人才引进计划,如"千人计划"已引进5批1 134位海外学者,其中不少顶尖科学家有望成为某领域的领军人才,中科院的"百人计划"也在开展相关工作。三是青年英才开发计划,国家将在青年科技人员和优秀学生中选拔和特殊培养。科技部还要开展科技管理培训专项行动,即针对科研院所领导、地县科技局长、企业研发主管开展培训。

瞿立新提到,《高层次创新型科技人才队伍建设意见》文件年内将颁布,中央领导多次作出重要批示,要求这个文件做到"有效、管用、解渴"。此外,中国科技人才的培养还将继续在载体上进行探索,如打造人才特区。

资料来源:肖洁.http://www.gmw.cn.2011-07-15.来源:科技日报

第五章　中国制造业产业链内生模式适配性人才素质模型及人才种群开发

5.1　中国制造业产业链内部环境分析

5.1.1　中国制造业的发展现状迫切要求创新

中国工业经过几十年的发展,目前已基本形成了汽车、钢铁、纺织、装备制造、船舶工业、电子信息、轻工、石化、有色金属产业和物流业等产业的产业格局。经过"十一五"期间的努力,2009 年末,中国GDP 超过了 3 亿亿元,工业总产值突破了 5 亿亿元。未来几年,将是中国工业向现代化工业迈进的关键时期。为此,中国中央政府出台了《汽车、钢铁、纺织、装备制造、船舶工业、电子信息、轻工、石化、有色金属产业和物流业等十大产业调整振兴规划》。中国制造业在中国工业及经济发展中的地位、现状以及进一步发展的瓶颈如何,是中国制造业转型升级、也是本章研究与中国制造业转型升级相匹配的人才素质模型首先要回答的问题。因此,本章采用灰色关联度理论及方法,研究中国制造业发展与中国经济增长之间的关联度,探讨中国制造业在中国工业及经济发展中的状况。

1.灰色关联度分析方法及研究数据选择

灰色关联度分析法是一种因素比较分析法,它通过设立参考序列和比较序列,并对灰色系统内有限数据序列进行分析,寻求系统内部各因素之间的关系,找出影响目标值的主要因素,进而分析各因素间的关联程度。它是灰色系统理论的主要内容之一。它通过确定参考数列和若干比较数列几何形状的相似程度来判断其联系是否密切,曲线越接近,相应序列之间的关联度越大,反之,越小。灰色关联度可分成整体性灰色关联和局部性灰色关联,其区别在于前者任何一序列都可作为参考序列,运算量较大;而后者则只有一个参考序列,运算量相对较小。鉴于局部灰色关联分析操作方便,本书采用该方法对中国重点产业 2005—2009 年 5 年间总产值与中国相应年份 GDP 的关联度展开分析。

本书在对中国工业主要产业进行研究时考虑到需要对这些产业的产业链进行分析;同时,考虑到数据来源的可靠性、系统性与权威性,本研究采用《中国统计年鉴 2010》行业分类数据对中国工业各行业进行研究,物流产业因数据不全,在此暂不做分析。

2. 中国制造业与工业其他行业对中国经济增长灰色关联度研究

根据灰色关联度分析方法,首先确定反映系统行为特征的参考数列和影响系统行为的比较数列;然后,对参考数列和比较数列进行无量纲化处理;接着,求参考数列与比较数列的灰色关联系数及关联度;最后,对关联度进行排序。

(1)数据标准化。将 2005—2009 年中国工业 38 个产业的产出数据进行灰色关联度研究。因系统中相关因素序列的数据可能由于单位不同而不方便比较,故进行灰色关联度分析时要做标准化处理。以中国 2005—2009 年各年 GDP 为(X_0)参考序列,以煤炭开采和洗选业、石油和天然气开采等 38 个产业的产出总量指标为(X_1)、(X_2)等(表 5 - 1)作为比较序列,并对这些总量指标进行标准化处理,即以参照数列(取最大数的数列)为基准点,将各数据标准化成介于 0～1 之间的数据最佳(表 5 - 1)。

(2)生成对应差数列表。将标准化后的比较序列与参考数列进行差值计算,并求绝对值,列入对应差数列表,该表主要包括与参考序列的差值、每列最大差值和最小差值(表 5 - 2)。由表 5 - 2 得知,各比较序列对参考序列各点对应差值中的最大差值为 0.49,最小差值为 0。再根据这些结果,计算关联系数和关联度。

表 5 - 1 中国制造业与工业其他行业总产值与中国 GDP 数据标准化

行 业	工业总产值				
	2009 年	2008 年	2007 年	2006 年	2005 年
煤炭开采和洗选业	1	0.89	0.56	0.44	0.35
石油和天然气开采业	1	1.41	1.10	1.03	0.84
黑色金属矿采选业	1	0.99	0.56	0.37	0.26
有色金属矿采选业	1	0.97	0.81	0.59	0.41
非金属矿采选业	1	0.81	0.59	0.45	0.33
其他采矿业	1	0.74	0.79	0.37	0.62
农副食品加工业	1	0.86	0.63	0.46	0.38
食品制造业	1	0.84	0.66	0.51	0.41
饮料制造业	1	0.84	0.68	0.52	0.41
烟草制品业	1	0.91	0.77	0.65	0.58
纺织业	1	0.93	0.82	0.67	0.55
纺织服装、鞋、帽制造业	1	0.90	0.73	0.59	0.48
皮革、毛皮、羽毛(绒)及其制品业	1	0.91	0.80	0.65	0.54
木材加工及木、竹、藤、棕、草制品业	1	0.83	0.61	0.42	0.32
家具制造业	1	0.90	0.71	0.55	0.42
造纸及纸制品业	1	0.95	0.77	0.61	0.50
印刷业和记录媒介的复制	1	0.90	0.71	0.57	0.49
文教体育用品制造业	1	0.95	0.80	0.67	0.56
石油加工、炼焦及核燃料加工业	1	1.05	0.83	0.70	0.56
化学原料及化学制品制造	1	0.92	0.73	0.55	0.44

续表 5 - 1

行 业	工业总产值				
	2009 年	2008 年	2007 年	2006 年	2005 年
医药制造业	1	0.83	0.67	0.53	0.45
化学纤维制造业	1	1.04	1.08	0.84	0.68
橡胶制品业	1	0.89	0.73	0.57	0.46
塑料制品业	1	0.90	0.74	0.58	0.46
非金属矿物制品业	1	0.84	0.63	0.47	0.37
黑色金属冶炼及压延加工业	1	1.05	0.79	0.60	0.50
有色金属冶炼及压延加工业	1	1.02	0.88	0.63	0.39
金属制品业	1	0.93	0.71	0.53	0.41
通用设备制造业	1	0.90	0.67	0.50	0.39
专用设备制造业	1	0.87	0.63	0.47	0.36
交通运输设备制造业	1	0.80	0.65	0.49	0.38
电气机械及器材制造业	1	0.90	0.71	0.54	0.41
通信设备、计算机及其他电子设备制造业	1	0.99	0.88	0.74	0.61
仪器仪表及文化、办公用机械制造业	1	0.98	0.85	0.70	0.55
工艺品及其他制造业	1	0.92	0.76	0.57	0.46
废弃资源和废旧材料回收加工业	1	0.79	0.47	0.29	0.20
电力、热力的生产和供应业	1	0.90	0.79	0.64	0.53
燃气生产和供应业	1	0.83	0.55	0.40	0.28
水的生产和供应业	1	0.90	0.97	0.71	0.57
GDP	1	0.92	0.78	0.64	0.54

数据来源：中国国家统计局，中国统计年鉴 2010、中国统计年鉴 2009、中国统计年鉴 2008、中国统计年鉴 2007、中国统计年鉴 2006

表 5 - 2 对应差数列表

行 业	工业总产值						
	2009 年	2008 年	2007 年	2006 年	2005 年	最小	最大
煤炭开采和洗选业	0	0.03	0.22	0.20	0.19	0	0.22
石油和天然气开采业	0	0.49	0.32	0.39	0.30	0	0.49
黑色金属矿采选业	0	0.07	0.22	0.27	0.28	0	0.28
有色金属矿采选业	0	0.05	0.03	0.05	0.13	0	0.13
非金属矿采选业	0	0.11	0.19	0.19	0.21	0	0.21
其他采矿业	0	0.18	0.01	0.27	0.08	0	0.27
农副食品加工业	0	0.06	0.15	0.18	0.16	0	0.18
食品制造业	0	0.08	0.12	0.13	0.13	0	0.13
饮料制造业	0	0.08	0.10	0.12	0.13	0	0.13
烟草制品业	0	0.01	0.01	0.01	0.04	0	0.04
纺织业	0	0.01	0.04	0.03	0.01	0	0.04
纺织服装、鞋、帽制造业	0	0.02	0.05	0.05	0.06	0	0.06
皮革、毛皮、羽毛（绒）及其制品业	0	0.01	0.02	0.01	0.00	0	0.02
木材加工及木、竹、藤、棕、草制品业	0	0.09	0.17	0.22	0.22	0	0.22
家具制造业	0	0.02	0.07	0.09	0.12	0	0.12
造纸及纸制品业	0	0.03	0.01	0.03	0.04	0	0.04
印刷业和记录媒介的复制	0	0.02	0.07	0.07	0.05	0	0.07
文教体育用品制造业	0	0.03	0.02	0.03	0.02	0	0.03

续表 5 - 2

行 业	工业总产值						
	2009 年	2008 年	2007 年	2006 年	2005 年	最小	最大
石油加工、炼焦及核燃料加工业	0	0.13	0.05	0.06	0.02	0	0.13
化学原料及化学制品制造	0	0	0.05	0.09	0.10	0	0.10
医药制造业	0	0.09	0.11	0.11	0.09	0	0.11
化学纤维制造业	0	0.12	0.30	0.20	0.14	0	0.30
橡胶制品业	0	0.03	0.05	0.07	0.08	0	0.08
塑料制品业	0	0.02	0.04	0.06	0.08	0	0.08
非金属矿物制品业	0	0.08	0.15	0.17	0.17	0	0.17
黑色金属冶炼及压延加工业	0	0.13	0.01	0.04	0.04	0	0.13
有色金属冶炼及压延加工业	0	0.10	0.10	0.01	0.15	0	0.15
金属制品业	0	0.01	0.07	0.11	0.13	0	0.13
通用设备制造业	0	0.02	0.11	0.14	0.15	0	0.15
专用设备制造业	0	0.05	0.15	0.17	0.18	0	0.18
交通运输设备制造业	0	0.12	0.13	0.15	0.16	0	0.16
电气机械及器材制造业	0	0.02	0.07	0.10	0.13	0	0.13
通信设备、计算机及其他电子设备制造业	0	0.07	0.10	0.10	0.07	0	0.10
仪器仪表及文化、办公用机械制造业	0	0.06	0.07	0.06	0.01	0	0.07

续表 5－2

行　业	工业总产值						
	2009 年	2008 年	2007 年	2006 年	2005 年	最小	最大
工艺品及其他制造业	0	0	0.02	0.07	0.08	0	0.08
废弃资源和废旧材料回收加工业	0	0.13	0.31	0.35	0.34	0	0.35
电力、热力的生产和供应业	0	0.02	0.01	0	0.01	0	0.02
燃气生产和供应业	0	0.09	0.23	0.24	0.26	0	0.26
水的生产和供应业	0	0.02	0.19	0.07	0.03	0	0.19

（3）计算关联系数和关联度。由对应差数列表得到最小差 0，最大差 0.49，设分辨系数 $\zeta=0.5$，分辨系数取值范围在 0～1 之间，其设定值对关联度没有影响[①]。然后，分别计算比较数列对参考数列的关联系数与关联度（表 5－3）。计算公式如下：

$$\xi(k) = \frac{\min\limits_{i}\min\limits_{k}|X_0(k)-X_i(k)| + \xi\max\limits_{i}\max\limits_{k}|X_0(k)-X_i(k)|}{|X_0(k)-X_i(k)| + \xi\max\limits_{i}\max\limits_{k}|X_0(k)-X_i(k)|}$$

$$(5-1)$$

$$r_i = \frac{1}{N}\sum_{k=1}^{N}\xi(k) \tag{5-2}$$

3. 中国制造业与工业其他产业发展对经济增长灰色关联度结果分析结论

总体而言，中国工业 38 个行业对中国 GDP 的相对关联度都在 0.5 以上，表明这些产业对中国经济增长贡献都比较大，它们对于国民经济增长具有显著带动作用。

[①] 刘继云，史忠良. 产业发展与经济增长的灰色关联度分析[J]. 江西社会科学，2009(2)

表 5 - 3　关联系数及关联度结果

行　业	工业总产值						关联度排序
	2009年	2008年	2007年	2006年	2005年	关联度	
煤炭开采和洗选业(X_1)	1	0.98	0.53	0.55	0.56	0.72	20
石油和天然气开采业(X_2)	1	0.33	0.43	0.39	0.45	0.52	28
黑色金属矿采选业(X_3)	1	0.78	0.53	0.48	0.47	0.65	26
有色金属矿采选业(X_4)	1	0.83	0.89	0.83	0.65	0.84	10
非金属矿采选业(X_5)	1	0.69	0.56	0.56	0.54	0.67	24
其他采矿业(X_6)	1	0.58	0.96	0.48	0.75	0.75	18
农副食品加工业(X_7)	1	0.80	0.62	0.58	0.60	0.72	20
食品制造业(X_8)	1	0.75	0.67	0.65	0.65	0.74	19
饮料制造业(X_9)	1	0.75	0.71	0.67	0.65	0.76	17
烟草制品业(X_{10})	1	0.96	0.96	0.96	0.86	0.95	2
纺织业(X_{11})	1	0.96	0.86	0.89	0.96	0.93	3
纺织服装、鞋、帽制造业(X_{12})	1	0.92	0.83	0.83	0.80	0.88	6
皮革、毛皮、羽毛(绒)及其制品业(X_{13})	1	0.96	0.92	0.96	1	0.97	1
木材加工及木、竹、藤、棕、草制品业(X_{14})	1	0.75	0.59	0.53	0.53	0.68	23
家具制造业(X_{15})	1	0.92	0.78	0.75	0.67	0.82	12
造纸及纸制品业(X_{16})	1	0.89	0.96	0.89	0.86	0.92	4
印刷业和记录媒介的复制(X_{17})	1	0.92	0.78	0.78	0.83	0.86	8

续表 5－3

行　业	工业总产值						
	2009年	2008年	2007年	2006年	2005年	关联度	关联度排序
文教体育用品制造业(X_{18})	1	0.89	0.92	0.89	0.92	0.92	4
石油加工、炼焦及核燃料加工业(X_{19})	1	0.65	0.83	0.80	0.92	0.84	10
化学原料及化学制品制造(X_{20})	1	1	0.83	0.75	0.71	0.86	8
医药制造业(X_{21})	1	0.75	0.69	0.69	0.75	0.78	15
化学纤维制造业(X_{22})	1	0.67	0.45	0.55	0.64	0.66	25
橡胶制品业(X_{23})	1	0.89	0.83	0.78	0.75	0.85	9
塑料制品业(X_{24})	1	0.92	0.86	0.80	0.75	0.87	7
非金属矿物制品业(X_{25})	1	0.75	0.62	0.59	0.59	0.71	21
黑色金属冶炼及压延加工业(X_{26})	1	0.65	0.96	0.86	0.86	0.87	7
有色金属冶炼及压延加工业(X_{27})	1	0.71	0.71	0.96	0.62	0.80	14
金属制品业(X_1)	1	0.96	0.78	0.69	0.65	0.82	12
通用设备制造业(X_{28})	1	0.92	0.69	0.64	0.62	0.77	16
专用设备制造业(X_{29})	1	0.83	0.62	0.59	0.58	0.72	20
交通运输设备制造业(X_{30})	1	0.67	0.65	0.62	0.60	0.71	21
电气机械及器材制造业(X_{31})	1	0.92	0.78	0.71	0.65	0.81	13
通信设备、计算机及其他电子设备制造业(X_{32})	1	0.78	071	0.71	0.78	0.80	14

续表 5 - 3

行　业	工业总产值						
	2009年	2008年	2007年	2006年	2005年	关联度	关联度排序
仪器仪表及文化、办公用机械制造业(X_{33})	1	0.80	0.78	0.80	0.96	0.87	7
工艺品及其他制造业(X_{34})	1	1	0.92	0.78	0.75	0.89	5
废弃资源和废旧材料回收加工业(X_{35})	1	0.65	0.44	0.41	0.42	0.58	27
电力、热力的生产和供应业(X_{36})	1	0.92	0.96	1	0.96	0.97	1
燃气生产和供应业(X_{37})	1	0.75	0.52	0.51	0.49	0.65	26
水的生产和供应业(X_{38})	1	0.92	0.56	0.78	0.89	0.83	11

具体分析,前 10 名的行业分别是:皮革、毛皮、羽毛(绒)及其制品业(X_{13})(第 1),电力、热力的生产和供应业(X_{36})(第 1);烟草制品业(X_{10})(第 2);纺织业(X_{11})(第 3);造纸及纸制品业(X_{16})(第 4),文教体育用品制造业(X_{18})(第 4);工艺品及其他制造业(X_{34})(第 5);纺织服装、鞋、帽制造业(X_{12})(第 6);塑料制品业(X_{24})(第 7),黑色金属冶炼及压延加工业(X_{26})(第 7),仪器仪表及文化、办公用机械制造业(X_{33})(第 7);印刷业和记录媒介的复制(X_{17})(第 8),化学原料及化学制品制造(X_{20})(第 8);橡胶制品业(X_{23})(第 9);石油加工、炼焦及核燃料加工业(X_{19})(第 10),有色金属矿采选业(X_4)(第 10)。从前十名不难看出,中国"十一五"期间,对国家经济增长贡献居前的行业主要是轻工、原材料加工及电力和热力能源的生产,他们与经济增长的关联度都在 0.8 以上。

从第 11 名到第 21 名之间的行业为:水的生产和供应业(X_{38})

（第 11 名）；金属制品业（X_1）（第 12 名）；电气机械及器材制造业（X_{31}）（第 13 名）；有色金属冶炼及压延加工业（X_{27}）（第 14 名），通信设备、计算机及其他电子设备制造业（X_{32}）（第 14 名）；医药制造业（X_{21}）（第 15 名）；通用设备制造业（X_{28}）（第 16 名）；饮料制造业（X_9）（第 17 名）；其他采矿业（X_6）（第 18 名）；食品制造业（X_8）（第 19 名）；煤炭开采和洗选业（X_1）（第 20 名），农副食品加工业（X_7）（第 20 名），专用设备制造业（X_{29}）（第 20 名）；交通运输设备制造业（X_{30}）（第 21 名）。从第 11 名到第 20 名可以发现，与钢铁、装备制造、电子信息、有色金属产业及食品、汽车和船舶工业等制造相关的行业对中国经济增长贡献位于前中，他们与经济增长的关联度都在 0.7～0.8 之间。这说明中国制造业在中国工业和经济发展中地位突出，同时也表明中国制造业对中国经济增长的贡献还存在较大潜力。

　　在 38 个行业中，对中国"十一五"期间经济增长贡献位于后三名的行业分别是黑色金属矿采选业（X_3）（第 26 名），废弃资源和废旧材料回收加工业（X_{35}）（第 27 名）和石油和天然气开采业（X_2）（第 28 名）。其关联度在 0.52～0.65 之间，提升这些行业对经济发展与增长的贡献仍然存在很大空间，而这些行业都是技术含量高的领域。这些行业技术的发展与否对制造业的改造与创新起到推进与制约作用。

　　综合分析上述研究结果可以看出，中国是个制造大国，制造业的发展对国家经济的发展与增长关系重大，但能源、环保等产业发展的相对滞后，在全球生产资源与能源以及环境保护所面临的问题日益严峻的今天，中国制造业的进一步发展势必受到资源、能源及环保问题的严重制约。要摆脱这些制约因素，制造业必须改变传统的生产模式，建立新的生产模式。新的生产制造模式的构造要求对传统的生产模式从技术、管理和服务进行全方位的改造与创新，而改造与创新的核心是人才。

5.1.2 中国制造业产业聚集度的国际比较呼吁创新

产业聚集是上下游产业链上众多业务上相互联系的企业在一定范围内的有机集合,它使特定产业的生产要素在空间范围内不断聚集并且形成规模经济,产业聚集度是判断产业聚集的重要指标之一。产业聚集能提高产业链上不同环节的竞争力并带动产业链的整体提升,从一个侧面反映产业的竞争实力和一个地区或国家的经济实力。鉴于制造产业链涉及链条上的相关行业,本节以制造业为基础,对制造产业发展相关联的流通及服务产业如采掘、运输、仓储等同时展开研究,以对比考察中国制造产业链的整体发展水平。目前,中国经济已进入"十二五"规划发展时期,"转型升级"是中国制造业及相关产业进一步发展的头等大事,中国制造产业链聚集现状、程度和水平如何,进一步发展的关键在哪里,是中国制造业转型与升级政策制定必须研究的课题。因此,本章采用区位熵分析法对中国制造产业链聚集度与主要发达国家制造产业链聚集度展开研究,为本书研究中国制造业创新型人才生态开发提供背景支撑。

1.研究方法介绍

区位熵分析法是衡量产业集聚程度并判别产业集群存在可能性的一种重要方法。最早由哈盖特(P Haggett)首次提出并应用到区位分析中,指某地区特定产业在全产业中所占比重与全国该产业在全产业所占比重的比值,其思路是通过区位熵系数 L_sQ(Location Quotient)或"雇员集中度系数"(employment concentration coefficient)来判断区域是否存在产业集聚现象以及产业聚集的水平。当该值大于 1 时,意味着给定区域的产业相对集中化与专业化;该值大于 1.12 时,表明该区域存在较高聚集度和较高水平专业化;一个集群在区域经济的份额达到 20% 时就被认为是"亮点"[①]。其计算公式

[①]张会新,白嘉.陕西能源矿产资源产业集聚的区位熵分析[J].资源网.2009 - 07 - 06

如下：

$$LQ = (E_{ij}/E_i)/(E_{kj}/E_k)$$

其中，E_{ij} 指 i 地区产业 j 的产值或就业人数，E_i 指 i 地区总产值或总就业，E_{kj} 指 k 国家 j 产业的总产值或总就业，E_k 指国家 k 的总产值或总就业。

2.产业区位熵系数计算

根据区位熵分析法和研究的需要，本书选择中国、日本、韩国、美国、英国、德国和法国这 7 个国家的制造业、采掘业、建筑业、金融中介等与制造产业链相关的产业和服务业的就业人数作为研究样本；同时，考虑到 2008 年全球金融危机对实体经济的严重影响，导致 2008 年后全球经济处于恢复期以及其他国家相关经济数据的可获取性，现以 2007 年中国与日本、韩国等发达国家有关产业的就业数据作为研究指标，计算各产业区位熵系数表（表 5 - 4）。

表 5 - 4　2007 年中国与主要发达国家相关产业区位熵比较

行　业	中国	日本	韩国	美国	英国	德国	法国
制造业	1.55	1	0.95	0.6	0.69	1.18	0.83
采掘业	4	0.06	0.08	0.5	0.46	0.28	0.09
建筑业	1.07	1.06	0.97	1	1.01	0.82	0.85
金融中介	0.86	0.65	0.93	1.35	1.17	0.92	0.87
运输、仓储和通讯	0.98	1.17	1.2	0.83	1.27	1.07	1.18
电力、燃气、水的生产和供应业	2.08	0.43	0.31	0.68	0.61	0.73	0.65

从表 5 - 4 可以看出，7 个国家 6 个产业的区位熵系数状况如下：

7 个国家制造业区位熵系数大于 1.12 的国家有：中国和德国，

说明这两个国家制造业存在较高聚集度和较高水平的专业化；日本制造业区位熵系数为 1，说明其制造业具有一定程度的聚集性。

采掘业是为制造业服务的行业，在制造产业链上处于上游环节，7 个国家中采掘业大于 1 的只有中国，且其区位熵系数为 4，其他发达国家采掘业区位熵系数都小于或等于 0.5，一方面说明中国采掘业达到了较高水平的专业化和集中度；另一方面也突显中国制造业在资源消耗方面的程度比较严重。相比之下，发达国家如德国、日本和韩国制造业区位熵系数也都大于、等于或略小于 1，但它们采掘业区位熵系数分别为 0.28、0.06 和 0.08，远远小于 1。因此，中国资源消耗型的制造业应尽快提高科技水平，向资源节约型制造转型，这也是中央政府提出的建立"两型社会"的目标之一。

从建筑行业看，7 个国家区位熵系数大于 1 的国家有中国、日本和英国，说明这些国家建筑业相对集中化与专业化，美国的等于 1，也具备一定程度的聚集性。建筑业是制造业产品需求行业，大部分建筑材料来源于制造业，在产业链上处于下游环节，建筑业对高质量、环保和耐用以及对纳米等高技术含量材料的需求，对制造业技术改造与创新提出了更高要求，中国作为世界新兴市场中的发展中国家，赶超发达国家的同时，也要通过提高技术水平，生产制造环保节能的产品，对自然、对子孙负责。

金融服务行业是与制造业发展息息相关的行业，美国和英国金融业的区位熵系数都大于 1.12，说明这两个国家该行业存在较高程度的聚集性和专业化水平，中国金融服务行业的区位熵系数为 0.86，其聚集性和专业化程度还需要进一步提升。

运输、仓储和通讯直接影响制造业在流通领域的经营活动及经营效率，日本、韩国、英国和法国运输、仓储和通讯行业的区位熵系数都大于 1.12，说明这 4 个国家该行业的聚集度和专业化水平都很高，德国的也大于 1，具有较高的集聚性和专业性，中国的为 0.98，与中国制造业发展程度相比，还有待于进一步提高聚集性和专业化水平。

最后,电力、燃气及水的生产与供应是制造业发展必需的能源行业;中国该行业的区位熵系数为 2.08,其他 6 个国家的都在 0.73 以下,日本和韩国的分别为 0.43 和 0.31,由此可见,中国能源行业专业化水平和聚集度都较高;同时,也说明在传统能源消耗方面的需求也不小,大量的市场需求催生出了大规模的市场供应。

综合分析以上 7 个国家制造业及其与制造产业链密切关联的各个行业,不难得出这样的结论:中国制造业产业聚集及产业专业化水平已达到较高程度,但从制造产业链相关行业来看,与世界发达国家相比较,中国制造业下一步的发展会出现以下制约因素。

一是资源因素的制约。现有自然资源的大量采掘势必加速自然资源的枯竭,如果不尽快开发能替代自然资源的新材料,制造业的进一步发展将受到遏制。

二是技术因素的约束。制造产业链下游市场对高科技含量、高质量及高效能产品的需求,对制造业生产工艺和加工工艺以及在满足市场对高科技含量、高质量及高效能产品的需求方面提出了更高的技术要求,技术改造和技术创新是中国制造产业发展的必然选择。

三是生产型服务供给不足因素的约束。金融服务及运输、仓储和通讯是直接影响制造业发展速度、效率及效果的行业。这些行业发展不充分或不合格,直接影响制造业为市场提供产品及服务的能力。从与其他 6 个国家金融服务及运输、仓储和通讯产业区位熵系数比较看,中国这两个行业的聚集度及专业化水平都在 1 以下,根据新制度经济学相关理论阐释,这一现象将导致制造业在流通领域产生更多的交易成本,增加制造产品在终端市场的价格,严重削弱产品市场竞争力,在经济全球化市场条件下,产品在市场上竞争力不够,最后被挤出市场在所难免。

四是能源因素的约束。目前,中国电力、燃气及水等能源虽然聚集度和专业化水平较高,其区位熵系数在 2 以上,有大量的市场需求才有这样的规模供给,规模供给滋生的就是行业的专业化与聚集。但这些能源都来自大自然,自然能源是有限的。用得愈多,所剩就愈少。面对日益减少的能源市场,制造业只有开发利用可再生的新能源,才能适应新的生存环境。

众多因素的制约,决定了中国制造业必须尽快实现从资源能源消耗型的粗放的生产方式向资源能源节约型的集约型的生产方式转变。节能环保、生物、新能源、新材料和高端装备制造等产业方面的技术改造和创新是制约中国制造业集约型发展的关键;同时,生产型服务业专业化水平及规模与能力的提高是中国制造业集约型发展的有力支撑。集约型发展能否成功取决于创新型技术与管理人才的开发效率和效果。

5.1.3 中国制造业在全球产业链的低端地位渴求创新

到 2009 年,中国进出口贸易总额达到 2.2 万亿美元,成为世界第一大货物出口国。国内生产总值达到 4.9 万亿美元,跃居世界第三位。中国逐步发展成为全球制造业大国和"世界工厂"。中国制造业已成为全球经济体系的重要组成部分,对全球经济发展的作用日益显著。全球产业链分工也推进了中国制造业集约式发展程度的提高,但也凸显了中国制造业在全球制造业产业链中低端的地位。产业链分工是一种要素合作型分工,生产要素在全球范围内流动以寻求最适合的地点和最有利的获利机会。一个国家或地区的要素禀赋决定了它在全球产业链分工中的地位与作用。资本、技术、管理和高素质劳动力等高级生产要素具有较高的流动性,他们往往流向具有高附加价值的产业链高端,而一般加工型劳动力的流动性很低,只能处于产业链中、低端。高级生产要素是相对稀缺的,要素的相对稀缺度决定了其相对较高的收益。发达国家或地区拥有流动性强的高级要素,发展中国家或地区则只有流动性较差的生产要素,这就决定了产业链分工中发达国家或地区与发展中国家或地区收益的不均衡。中国近 30 年的改革开放,为全球要素的自由流动提供了广阔的市场及其增值空间,外部要素如资金、技术等的大规模流入为中国制造业的扩张提供了机会,造就了一批具备较高集成度的工业园区、产业集群和生产企业。但在全球产业链中,这些企业基本上处于附加值很低的生产制造环节,过分依赖物质资源投入,依靠土地、劳动力低成本优势,单位国内生产总值能耗接近于世界平均水平的三倍左右[①],这种以牺牲资源、能源、环境和劳动者报酬为代价的粗放式发展方式在环境日益恶化、资源能源日益枯竭以及人力资源全球流动日益频繁的今天,将面临着日益激烈的挑战。同时,由于缺乏自主核心技术,在基础原材料、重大装备制造和关键核心技术等方面,与世界先进水平还存在较大差距。中国制造业在全球产业链低端地位派生出了对创新型人才的迫切需求。

专栏 5 - 1　　中国加工贸易增量不增利　中国制造陷产业链低端

近期,中国加工贸易"增量不增利"强势回潮,继续加剧"中国制造"在国际分工产业链低端愈陷愈深的局面。

"不光担心拿不到订单,更担心即使拿了订单也挣不到钱。"尽管已经从国际金融危机的冲击中恢复过来,但深圳一家代工企业总经理何源(化名)对所在企业的发展前景依然感到担忧,在接受《瞭望》新闻周刊采访时,他表示"这不是其一家企业面临的问题,在深圳的许多加工贸易企业都存在类似的情况"。

"所做的工作很简单,没有多少技术含量可言,随便一家企业都可以做,所以竞争非常激烈,企业为了生存只能降低利润,打价格战。"按照他的估计,当地加工贸易企业的利润率一般不会超过10%,"有许多可能只有5%,甚至更低"。

更严峻的挑战还不在于此。"经济回暖,订单一来,就没人再提转型升级的事了。"他坦言,虽然企业也深知由此所带来的发展优势,"但激烈的竞争,使企业既无精力也无能力去搞研发、搞技术创新、搞

---

①资料来源:人大财经委尹中卿.推进制造业转型升级机遇难得.中国新闻网.2010 - 07 - 19

产品升级"。

对于原本期望通过国际金融危机倒逼"中国制造"走向"中国创造",脱离低端加工贸易"陷阱"的中国外向型企业和市场主管部门而言,这是一个令人难堪的局面。采访中,商务部国际贸易经济合作研究院副研究员梅新育认为,"最让人无法接受的是,当今加工贸易的某些发展趋势似乎要将中国固定在国际分工产业链低端而无法自拔"。

2010年末,苏州和东莞被认定为全国加工贸易转型升级首批试点城市。据本刊记者了解,其目的就是要改变此前发展缓慢的状况,借助国际金融危机形成的倒逼机制,尽快找到一条适合中国加工贸易转型升级的有效路径。但现实显示,困难比想象的还要大。

丰收的贫困

如从顺差角度分析,加工贸易可谓"贡献巨大"。尽管自2010年12月开始,加工贸易顺差已连续三个月下降,但依然改变不了中国贸易顺差基本来自于加工贸易的现实。根据不久前海关公布的数据,今年一季度,中国外贸罕见地出现了10.2亿美元的逆差,但同一时期的加工贸易顺差却仍高达777.1亿美元,同比增加了22.8%。

统计显示,2001年以来,中国加工贸易顺差逐年提高,特别是2005年后加工贸易顺差发展较快,到2008年加工贸易顺差达到2 967.8亿美元;2009年金融危机中,加工贸易顺差仍然保持在2 646.4亿美元;2010年,随着全球经济回暖,这一数据又增加到3 229亿美元。

相比之下,近10年来,一般贸易和其他贸易除了个别年份外,几乎均为逆差。2010年,一般贸易和其他贸易的逆差更是达到了1 207亿美元的规模。然而,正如商务部副部长蒋耀平此前所言,"贸易结构在全球化的调整下,不是简单地反映谁的顺差大,谁的获利就大"。

如果按照传统的原产地贸易统计方法,一部代工笔记本电脑出口到国外,算在中国头上的出口值是300~400美元,减去进口自美国的零部件成本约150美元,顺差大概在150～250美元。这与中国实际收益30～40美元相比,夸大了5～6倍。

"外资企业创造的利润自然只会流进外国投资者的钱包。"按照何源的观点,目前的情况是"顺差记在中国,利润落在欧美"。如果改变现行的原产地贸易统计方式,按照各国产生的附加值计算,中国出口规模和顺差额度都将大幅缩水。

"丰收的贫困"——这是日本经济学家关志雄对中国加工制造业现状所作的形容,言外之意,中国的加工贸易是"增量不增利"。

外资依赖症

"很多去过欧美国家的人会发现,在这些国家里中国制造的产品,在同等质量的前提下价格会比中国国内的产品价格还低10%～20%,结果很多到欧美去旅游的中国人会大量采购这些中国制造的产品带回中国。"何源告诉本刊记者,这看似矛盾的现象,恰恰体现出当前中国加工贸易对外资的依赖。

"国内的加工企业没有自己的销售渠道,产品销售只能依赖于国外企业。所以这些商品必须要先出口,再进口,耗费了很多物流费用,而这些费用最终都将转嫁到中国消费者身上。"他解释道。

究其原因,一方面,当前中国的加工贸易大多由外资企业或外资参与的合资企业所把持。数据显示,自2008年开始,加工贸易利用外资已连续数年占中国实际利用外资金额的一半。从好的方面说,是吸引了外资;从坏的方面说,则显示了外资对加工贸易的控制。

另一方面,内资加工贸易企业的命运由于全球产业链的布局而被外资牢牢掌控。加工贸易企业的转型升级,最重要的是上游技术研发和下游销售渠道,但在这两大重要环节上,国内加工贸易企业却严重依赖跨国公司。

对外经贸大学中国对外经济贸易研究室主任杨立强在接受本刊采访时说,更大的挑战在于,随着跨国公司在中国投资的不断加大,产业向中国转移的加快,将中国经济纳入到其全球分工体系中去,导致中国结构性的产业依赖,并在中国的一些重要行业形成事实上的产业控制,影响中国的独立经济决策,对中国的经济发展战略造成不利影响。

这并非没有前车之鉴。20 世纪 70～80 年代,拉美国家大力倡导对外开放市场并发展以加工贸易推动进出口为特点的"外向型"经济,跨国公司和国际垄断资本由此高度控制拉美国家经济,还将形成的大量利润转移并带回本国,进而导致拉美国家普遍的"增长而不发展"的怪现象。而当"外资"找到更好的投资地并大规模撤离时,拉美国家的经济也迅速陷入低迷。

"不能做"和"不愿做"

"加工贸易企业转型有很多困难,自主研发、创立品牌都需要大量资金、人才及技术支持。近年来,中国加工贸易企业虽然发展迅速,但大部分企业仍属于产能有限的中小型企业。对于他们而言,转型升级只是'看起来很美的憧憬'。"采访中,杨立强这样告诉本刊记者,这是"不能做"。

"也有一些企业,具备一定的资本积累,有能力进行产品升级和技术研发,但技术研发和品牌塑造所需要的大量时间和成本投入,会让他们望而却步。"杨立强接着谈到,"万一技术创新不成功怎么办?万一资金链出现问题怎么办?并非所有的企业家都具有冒险精神,这种情况属于'不愿做'。"

"无论是'不能做'还是'不愿做',在很大程度上都源于企业并没有足够的实力去承担。"在何源看来,这一方面是现有产业链中的依附地位决定了中国的加工贸易企业的利润有限,另一方面也是中国企业之间无序竞争导致的恶果。

"利润低,最好的办法就是提价。事实上,目前中国的很多出口商品都有较大的提价空间。但问题在于,中国的企业是散沙一盘,内讧现象极其严重,倘若仅个别企业提价而另一些企业不提价,提价的企业就有可能因遭到外商的抵制而失败。"他谈到,本来这些矛盾应通过行业协会来加以协调,但现实却是,"官方的行业协会不管事,民间的行业协会又管不了事"。

　　而出口退税的存在又让企业有了打"价格战"的"底气"。"有了出口退税，很多企业就觉得有了可以'兜底'的利润，因此为了抢订单就一再压低报价。"何源说。

　　在他看来，后果就是把产品的利润让渡给国外的采购商，"国外的采购商一般都是国际巨头，他们对中国的退税政策十分了解，同时又利用其订单大的特点，让国内的出口企业相互残杀，最终把价格压到不能再低的程度。然后这些接单的出口企业会进一步向内挖掘成本空间，如克扣工人的工资福利、降低材料品质成本，等等。"

　　"悲剧"还没有结束：当国内的出口加工企业处在只能依靠国家出口退税来"过日子"的窘境时，不仅没有博得同情，反而给一些国家采取反倾销等贸易壁垒政策提供了借口。

　　"即使在欧美发达国家因为劳动力成本、环保等因素的影响而被他们主动放弃的制造业产品，如服装、普通消费类电子产品、纸张，等等，也经常面临着被征反倾销和反补贴税的风险。"何源指出，从其征收的税率来看，这些措施往往既不会对其保护国内企业产生多大作用，也不会影响到中国出口企业的出口量，"很明显，这纯粹是又一重的掠夺"。

　　合理选择

　　"不可因噎废食。"杨立强强调，尽管存在诸多问题，现阶段发展加工贸易对中国而言仍然至关重要。

　　"如果仅从企业利润角度来看，'增量不增利'在一定程度上是成立的，但如果将'利'理解为加工贸易对中国产业和社会发展的贡献的话，则这一说法并不完全正确。"杨立强认为，虽然加工贸易企业相对核心零部件厂商、品牌商等利润率较低，但在一定程度上缓解了中国的就业压力，也孕育了一批相当有竞争力的制造企业。

　　"所得收益少比没有收益好，贸易顺差和外汇储备高造成的负担比时时刻刻面临国际收支危机压力好。"梅新育也持同样观点，未来对于中国的加工贸易而言，不是"发不发展"的问题，而是"如何发展"的问题。

对于加工贸易,目前有两种比较流行的观点:向中西部转移和开拓国内市场。

对此,杨立强认为,短期看,并无不妥。产业转移,可以降低成本压力,开拓国内市场,也是应对国际市场萎缩较为有效的手段,"但这二者都是加工贸易企业应对当前挑战的手段,而不是转型升级的目标。如果依然按照原有的模式发展,最终仍是一条死路"。

在他看来,加工贸易的明天唯有转型升级一条路,并提出三个层次:其一,着力发展本土品牌商,让代工工厂为我所用,如作为本土品牌商的联想集团同样由笔记本电脑代工工厂提供生产制造;其二,加强核心技术研发,尤其是新兴产业,在技术上提前到位,如华为、中兴模式;其三,大力并购全球先进技术和优质资产,打造整合和主导产业链的中国跨国公司。这是三个逐级升高的发展层次,大致勾勒出了加工贸易转型升级的阶段性目标。

梅新育的观点则更加务实。在他看来,现阶段中国加工贸易的转型,不是要彻底改变现行国际贸易和国际生产体系,而是要改变这个体系的收益流向。

"如果加工贸易转型升级前,中国100%的企业是为海外公司、海外品牌做贴牌。转型后倘若出口规模没有缩小,在世界市场份额没有下降,仍有95%企业是在做贴牌,但80%的量是给中国公司、中国品牌做贴牌,那就是巨大的成功。"

因此他主张,在加工贸易转型升级中,政府不应强求所有企业都走自创品牌的路,企业也不能都去自创品牌,而要根据自身情况量力而行:已积累了足够实力的企业可自创品牌,在国内外市场打天下,尚不具备相应实力的企业,政府要推动、鼓励他们为有实力的自主品牌企业配套、贴牌加工,抱团打天下。

资料来源:中国经济网.www.ce.cn.转载《瞭望》.责任编辑:郭彩萍.2011-04-18

5.2 中国制造业产业链内生发展模式设计

根据中国制造业及中国工业其他各行业与中国经济增长的关联性分析,中国经济增长的主要来源是轻工、原材料加工及电力和热力能源的生产,与钢铁、装备制造、电子信息、有色金属产业及食品、汽车和船舶工业等制造相关的行业对中国经济增长的贡献次之,黑色金属矿采选业、废弃资源和废旧材料回收加工业及石油和天然气开采业排名位于后三位。再结合中国与世界主要发达国家制造业产业链区位熵的比较,中国、日本和德国制造业的区位熵都在 1 以上,说明这三个国家制造业聚集度及专业化程度都较高。但是,从与制造业产业链上游的采掘业看,中国采掘业的区位熵系数为 4,而日本和德国的分别为 0.06 和 0.28;从这三个国家制造业产业链下游的建筑业看,中国建筑业的区位熵系数为 1.07,日本和德国的分别为 1.06 和 0.82;从直接影响制造业生产和经营效率与效益的运输、仓储和通讯行业看,中国的这些行业的区位熵系数为 0.98,日本和德国的分别为 1.17 和 1.07;从能源消耗看,中国的电力、燃气和水的生产与供应为 2.08,日本和德国的分别为 0.43 和 0.73。

比较这三个国家制造业产业链的上中下游以及直接服务于制造的运输、仓储和通讯行业各环节,不难看出,这三个国家在制造业的聚集度及专业化程度相近,下游的市场需求中国与日本的接近,德国略低,但中国在资源、能源行业的区位熵系数远远高于日本和德国,在运输、仓储和通讯行业的区位熵系数却又低于这两个国家。

对比制造业产业链上中下游及配套服务行业的数据,再联系制造业对中国经济增长的贡献,中国当前经济增长方式仍然是靠以资源、能源消耗为主的粗放型发展模式。这种模式在全球自然资源急剧减少、环境污染日益严重的今天,需尽快转变。因此,本研究就中国制造产业链的上述问题进一步设计中国制造业产业链转型模式。考虑到制造业产业链组成包括上游的原材料供应企业、中游的制造企业、下游的产品销售各企业以及制造业生产经营过程中必需的生产服务型企业如物流、信息服务等各部分,本研究以中国工业企业作为切入点,对制造业产业链发展模式进行探讨。

5.2.1 产业链上企业状况

"十一五"期间中国工业经济的迅速发展,为中国工业"十二五"规划的实施奠定了良好的基础,企业单位数量到 2009 年达到了 434 364 户,其中大型企业 3 254 户,占比 0.75%;中型企业 38 036 户,占比 8.76%;小型企业 393 074 户,占比 90.49%。工业企业构成总体表现为多、散、小的特点。产值规模达到了 548 311 亿元,其中大型企业完成产值 32.06%,中型企业完成 29.07%,小型企业完成 38.87%。根据《中国统计年鉴 2009》和《中国统计年鉴 2010》统计,2009 年,中国大型企业的工业总产值在 2008 年基础上增长为 3.84%,规模以上中型企业为 6.38%,规模以上小型企业为 13.16%。以大中小型企业数量看,大中型企业占比不到 10%,小型企业占比达到 90%以上;从各类型企业工业产值看,中型企业和小型企业总占比达到 67.97%。这一现状说明中国工业企业多而小,并且这些中小型企业产值已占据工业总产值的大半份额,而且中小型企业的增速远远超过大型企业。

根据本章 5.1.1 和 5.1.2 节的研究结论,制造业在中国工业经济及国家经济增长中起支柱作用,但在继续发展中出现了资源、能源、技术及生产型服务等方面的制约,如何突破这些制约因素进一步发展中国制造业,是中国制造业转型升级必须解决的问题。鉴于中国工业大型企业与中小企业发展现状符合长尾理论阐释的市场现象,本章采用长尾理论对中国工业企业构成进行分析,然后在产业链理论基础上建立中国制造业产业链内生发展模式。

1. 长尾理论介绍

"长尾理论"(The long tail)最初是由《连线》杂志主编 Chris Anderson 提出的。他用该理论来解释这一现象:只要渠道足够大,非主流的、需求量小的商品销量也能够和主流的、需求量大的商品销量相匹敌。他还将企业的产品组合区分为短尾产品和长尾产品,前者指销量大而数量少的热门产品,后者指销量低而数量大的利基(Niche)产品。"长尾模式"如图5-1所示①。

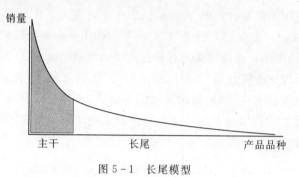

图5-1 长尾模型

2.长尾理论适用性拓展

长尾理论可以指导企业根据市场对产品需求状况确立自己在市场上的地位,选择并定位目标市场,调整自己的产品组合与业务范围,构造自己的核心产品,形成独特的企业竞争优势。长尾理论"对某个具体行业的发展问题也具有很强的研究价值"②。现借助长尾理论分析中国工业企业的构成。

3.中国制造业产业链上企业长尾结构分析

根据长尾理论现有的研究成果,我们假设中国工业各个产业就是不同的市场,各产业中的企业为市场上的产品;产业产值相当于市场上产品销量。2009年,这些市场上中小企业数量达到99.25%,大型企业为0.75%(表5-5);长尾理论所论述的"长尾结构"的特征表

---

①资料来源:克里斯·安德森著.长尾理论[M].乔江涛译.北京:中信出版社,2006
②史伟,申俊龙.结构、模式与创新——基于长尾理论的中国医药商业发展研究[J].预测,2010(3)

现为分布上的"多、散、小"及构成上的"Niche"性,即"独、特、新",在市场中,"长尾产品"与"短尾产品"相辅相成,共同满足市场的差异化与标准化需求,这与中国工业企业多而小,大中小企业共存共生、相互补充、相互依存于中国市场的特点相一致。2009 年,大型企业完成了中国工业总产值的 32.06%,中小企业完成了中国工业总产值的 67.94%(表 5-6);再考察 2009 年中国工业企业增长状况(表 5-7),中国中小企业的增速远远超过大型企业的增速。

该理论所解释的"只要渠道足够大,非主流的、需求量小的商品销量也能够和主流的、需求量大的商品销量相匹敌",中国中小型企业产值之和及增速远远超过大型企业工业产值及增速,基本符合该理论解释的这一现象。

表 5-5 2009 年中国大中小企业单位数占比

企业规模	2009 年数量(个)	占比(%)
大企业	3 254	0.75
中企业	38 036	8.76
小企业	393 074	90.49
总　计	434 364	

数据来源:中国国家统计局,中国统计年鉴 2010

表 5-6 2009 年中国大中小企业工业总产值比较

企业规模	2009 年产值(亿元)	占比(%)
大企业	175 812	32.06
中企业	159 374	29.07
小企业	213 125	38.87
总　计	548 311	

数据来源:中国国家统计局,中国统计年鉴 2010

表 5 - 7　中国规模以上中小企业工业总产值比较

企业规模	2009 年产值(亿元)	2008 年产值(亿元)	增长(%)
大企业	175 812	169 304	3.84
中企业	159 374	149 810	6.38
小企业	213 125	188 334	13.16

注:规模以上工业指全部年主营业务收入 500 万元及以上法人工业企业.

数据来源:中国国家统计局,中国统计年鉴 2010、中国统计年鉴 2009

但是,按长尾理论的定义,20%的"短尾产品"实现了 80%的销售额,相当于"短尾产品"的中国大型企业占比才 0.75%,不到 1%,实现的销售额(在此为工业产值)为 32.06%,而相当于"长尾产品"的中小型企业占比达到了 99.25%,实现的销售额(在此为工业产值)为 67.94%。由此可见,中国工业企业构成属于非标准的"长尾结构"模型。

长尾理论的实质是标准化与差异化共存于同一市场,且互为前提、互为补充,因为任何一个市场都存在大量的标准化需求,需要"短尾产品"来满足;同时,也存在众多的差异化需求,需要开发各具特色的长尾类产品来为市场服务。制造业产业链正像一个浓缩了的市场,既需要大的企业集团引领产业发展方向,融入全球产业链的生产与经营活动,参与全球产业标准的制定,并掌握一定的话语权,又需要中小型企业提供具有差异化特点的产品和服务,满足市场个性化需求。中国制造业产业链要实现"长尾结构"所能达到的目标,则需要按"长尾结构"数据比例调整工业企业的构成。

5.2.2　产业链内生发展模式

基于长尾理论的中国工业企业内生调整途经

按照"长尾理论"的实质以及利用该理论对中国工业企业构成的

分析结论,中国工业企业结构的调整首先应该就其内部大、中、小企业现有布局在调整中求发展,调整途经如下(图5-2)。

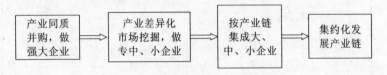

图5-2 中国工业企业内生调整途经

一是产业内部同质企业并购,做强"短尾产品"类的大型企业

按照维基百科对"长尾理论"的解释,"长尾产品"与"短尾产品"互为依存与共同发展,而中国工业目前"长尾产品"类的中小企业与"短尾产品"类的大型企业构成的"长尾结构"是非标准类的"长尾模型"。中国工业中、小企业有40多万家,大型企业才3 000多家,这与"长尾理论"解释的20%的占比相差甚远;大型企业产值30%多,与"长尾理论"解释的80%差距较大。可见,中国工业企业不论在企业数量分布,还是在产值上,都远离"长尾模型"中的指标。因此,必须尽快做强"短尾产品"类的大型企业,或通过企业重组并购同质性企业;或通过市场优胜劣汰,淘汰竞争力差的企业。

二是挖掘各产业差异化市场,做专"长尾产品"类的中小企业

安德森解释"长尾产品"为"Niche"即利基产品,其本意为"壁龛",其引申意为"拾遗补缺或见缝插针"。从对"长尾产品"的诠释中,我们不妨理解"长尾产品"的实质就是"差异性"与"独特性",进而"长尾产品"类的中小企业存在与发展的前提就是要有"与众不同"的地方:或在技术上,或在市场上,或在产品上,或在管理上。这些独特点决定着中小企业的竞争优势。当前,中国工业中小企业有40多万家,他们与大企业之间、他们自身之间或是竞争关系,或是互补关系,或是从属关系。不论哪种关系,"差异性"与"独特性"都应该是判断中小企业存在和持续发展的标准。一方面市场可以自然淘汰一些不具备差异性优势的中小企业;另一方面,中小企业自身可以通过寻求

产业链上的利基市场来奠定竞争优势;同时,中小企业还可以通过同质并购,小企业向中型企业发展,中型企业向大型企业发展,扩大自身规模。

三是按产业链模式,集成大、中、小企业

中国大、中、小企业数量众多,大企业只占 0.75%,中、小企业占99.25%,大企业规模有限,中小企业数量众多。大企业工业产值总量及其增长速度也远远落后于中、小企业,而工业企业面临的是经济全球化的经营环境,市场竞争日益激烈,企业大而不强、小而不特将无法在市场中占据一席之地。因此,从中国工业大、中、小企业内部按产业链模式集成产业结构既充分又必要。

产业链思想可以追溯到 17 世纪中后期西方古典经济学家亚当·斯密关于分工的论断。不过这时的产业链研究局限于制造企业的内部活动,关注的是企业自身资源的利用。后来,马歇尔把分工扩展到企业与企业之间,强调企业分工和协作的重要性。1958 年,赫希曼在《经济发展战略》一书中从产业的前向联系和后向联系角度进一步论述了产业链的概念。1985 年,哈佛商学院迈克尔·波特(Michael Porter) 在《竞争优势》(Competitive Advantage)中提出了价值链,他认为企业的价值创造是通过一系列活动完成的,这些活动包括基本活动和辅助活动,其中基本活动指内部后勤、生产作业、外部后勤、市场和销售、服务等;辅助活动则包括采购、技术开发、人力资源管理和企业基础设施等。这些互不相同但又相互关联的生产经营活动,构成了一个创造价值的动态过程,链上的每一项活动都会影响企业价值的增值。同时,他还认为,上下游关联的企业与企业之间存在行业价值链。价值链理论丰富和延展了产业链理论。

根据产业链及价值链理论,产业价值链则指产业链上每个企业都处在链中某一环节,企业要赢得和维持竞争优势不仅取决于其企业内部价值链,而且还取决于整个产业价值链。集成,是指两个或两个以上的子系统集合成为一个有机整体的过程。大、中、小企业之间的集成,不是把这些企业简单地集合在一起,而是要通过企业存在与经营的核心目标即创造产业链价值来将他们有机融合,提高整个产业链的价值,进而为企业、为社会带来更高价值。因此,本书根据下列模式集成中国工业产业价值链(图 5-3)。

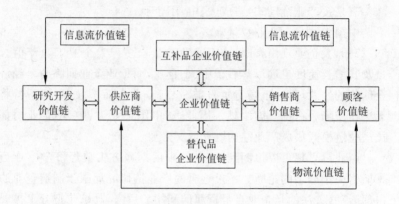

图 5-3　中国制造业产业链内生发展模式(产业链集约化发展模式)

企业价值链是整个产业链的链基,供应商、销售商、顾客以及互补品与替代品企业价值链为链节。链基与链节均由许许多多大、中、小企业构成,产业链的研究开发环节创造价值,供应商部分实现价值的传递,作为链基的企业价值链履行价值转移、实现的职能,产业链的销售商环节完成价值后续实现职能,产业链的顾客环节实现增值的职能,产业链外延的互补品及替代品企业补充完善并丰富链基企业的市场功能。

信息流和物流价值链为产业链提供信息和物料流通服务,通过专业化运作,提高整个产业链的效率,降低产业链流通领域的成本,在创造并实现自身价值的同时,也为产业链带来价值的增值。产业链不能离开信息和物流价值链,信息和物流价值链也不能脱离产业链,它们之间是鱼和水的关系。产业链包括研究开发、原材料加工、中间产品生产、制成品组装、销售、服务等多个价值创造、转移与实现活动。

经过集成的产业链,链基与链节是一个有机的整体,它们相互连接、相互制约、相互依存,链基、链节和链节之间存在着大量的信息、物质、资金方面的交换关系;而且产业链各环节之间相互交织,呈现出多层次互动网络结构。产业链各环节的有机联络决定着整个产业链的竞争优势。

四是集约发展中国制造业产业链

"集约化发展"相对于粗放性发展而言,主要指以经济效益和社会效益为核心对生产经营诸要素进行重组,通过经营要素质量的提高、要素技术含量的增加、要素投入比例的恰当配置以及要素组合方式的调整实现成本最小化、投资收益最大化。就中国制造业产业链而言,根据本章第 5.1.1 和 5.1.2 节的研究结论,中国制造业各主要行业与中国经济增长之间的关联度在 0.7~0.8 之间,也就是说对经济增长的贡献较大,但与主要发达国家相比,中国制造业产业链有关指标(见表 5-1)显示要进一步发展,存在资源、能源、技术及生产型服务供应等因素的制约,这些问题的解决,必须通过集约化发展,即对各生产经营要素进行重组,提高要素自身质量和技术含量,改善要素投入比例及组合方式,以达到高效、环保、投入少、收益大的目标。诸要素中,技术的改造与创新举足轻重,开发节约能源、资源和环保的新技术、开发优化组合各种生产经营资源的管理工具、开发能提供高效优质的生产型服务方法是中国制造业集约化发展的基础,这些新技术、新工具及新方法的开发必须由具备这种新思想、新知识和创新能力的人来完成。因此,创新型人才的开发才是中国制造业产业链集约化发展的瓶颈。中国制造业产业链集约化发展特点如下:

(1)产业链是集约化发展的平台。同一条产业链上的各个企业,必须围绕整个产业链的核心价值,不断改进技术,提高产品与服务质量,大型企业致力于产业新技术与新产品的实验与开发,掌握与控制行业标准,并向国际化靠拢,力争产业的国际话语权;中、小型企业因资源控制量有限,朝专业化和差异化发展,做好产业内的每一个利基市场,瞄准产业内大企业的同时,努力使差异化品牌走向世界。

（2）发展方式上的内在性。生产经营上，以"外延扩大"和"壮块头"为主的经营思路在新型工业化发展进程中已无以为继，提高产业链的协同效益是产业链集约化发展的动力。因此，链上各个企业必须以低投入、高产出、高效率为自己生产经营奋斗的目标，强内功，实现效率效益最大化。

（3）要素开发使用的内涵性。随着全球环境与资源恶化与枯竭，人类生存生活条件受到极大威胁，节能环保已经成为任何一个产业必须面对的挑战。尽快提高高科技及信息化技术在产业发展中的含量是解决能源与环境问题的重要手段。中国高新技术和信息化近几年来在大型企业中的应用发展较快，但仍然需要上档次、上台阶；同时，中、小企业高新技术与信息化的应用及普及还存在差距。

（4）产业升级的融合性。经过"十一五"的快速发展，中国制造业已形成了汽车、钢铁、纺织、装备制造、船舶工业、电子信息、轻工、石化、有色金属产业和物流业十大传统产业体系。2010 年 10 月，国务院又提出了节能环保、新一代信息技术、高端装备制造、生物、新能源、新材料和新能源汽车七大战略性新兴产业发展体系。传统产业体系与战略性新兴产业发展体系并不是两种截然不同的体系，而是相互联系、互为依托以及高度融合的发展系统；传统产业体系是新兴产业体系发展的基础，新兴产业体系是传统产业体系升级式发展的支撑，传统产业体系要由粗放式发展模式到集约式发展模式转变，必须与新兴产业体系紧密融合，以全球产业链为平台，优化原有产业结构和组织形式，加快产业内部重组与兼并，提高大企业集团的整合效率与全球竞争力；加强高新技术在传统产业中的运用，增强传统产业的核心技术，实现装备现代化，推出新产品，拓展新市场，提高产品附加值。通过新旧产业的交互作用、融合渗透，逐步创造出全新的服务型制造业产业体系，完成产业结构转型升级，实现由全球产业链中、低端向高端的飞跃。

（5）产业创新型人才种群的开发是产业链集约化发展的灵魂。产业链集约化发展离不开创新，而创新的关键在于人才。中国制造业升级式发展将面临来自全球的技术、资源、能源、环境以及制度与管理等多方面的挑战,新问题的层出不穷决定了墨守成规、照搬发达国家或地区的发展模式几乎行不通,只有根据新的挑战,借鉴已有发展经验,创造性地提出应对挑战的解决方案,才能找到发展的良机。而且产业链集约化发展涉及整个制造业产业体系以及各相关产业体系的协同发展,需要的是产业链整体提升的创造性解决方案。因此,产业链集约化发展配套的人才开发必须是多个专业、多个层次、多重能力与素质的人才种群的联动开发,产业创新型人才种群开发是中国制造业人才生态开发必须重点解决的问题。

5.3 中国制造业产业链内生模式适配性 人才素质模型设计

5.3.1 人才素质内涵

人才素质指人才所具备的素养和能力。人才素质包括意识、意志、品质、动机及自我定位与价值观等内在层面上的素养和外在层面上的知识与能力两大类。国内外学者对人才素质研究甚多。这些研究中,最有名的是美国著名心理学家麦克利兰(1973)提出的人员素质冰山模型。该模型将人员个体素质的不同要素划分为表面的"冰山以上部分"和深藏的"冰山以下部分"。前者包括基本知识和基本技能,是人员素质的外显形式,可以通过学习或培训获得;后者包括自我形象、特质、动机和社会角色,是人员素质的内隐形式,很难在短期内通过学习或培训获得,必须经过长期的教育、社会环境的熏陶以及个人成长经历的磨砺逐步成型,而且一旦形成,便具有相对的稳定性,并对人员的行为具有持久的驱动力和影响力。美国学者莱尔·斯潘塞和塞尼·斯潘塞博士(Lyle M Spencer & Signe M Spencer)则从特征的角度对"冰山模型"进行了进一步研究。他们把知识、技能、内驱力等素质要素称为基准素质和鉴别性素质,认为知识和技能属于裸露在水面上的表层部分,容易被测量、观察和被模仿,可以通过针对性的培训习得,但无法区分业绩优异者与平平者;而自我形象、个性品质、态度、内驱力和社会动机等素质要素称为鉴别性素质,鉴别性素质不容易被观察和测量,但对人的行为具有支配作用。他们还认为鉴别性素质是区分绩效优异者与平平者的关键因素。美国学者对人员素质"冰山模型"的研究在人员素质分解分层研究方面具有重要意义;同时,对实践中分析人员关键业绩指标具有指导意义。戴维·杜波依斯(David D Dubois)和格林(Green,1999)把人员胜任素质与人的行为关联分析。杜波依斯认为,胜任素质是"确认员工在完成工作的情境中使用某些胜任特征时产生的行为或具体结果"。格林则把行为定义为能被观察、描述和证实的行动,他认为在各种与基于胜任力的人力资源管理实践活动中使用的语言,即为行为语言(Behavioral Language),胜任素质与行为存在着密切关联性,行为语言是胜任素质的通用语言。人的行为受意识的支配,意识是人的内隐行为,可观察的活动是外显行为,每个素质都是由若干个关键的行为表现构成,通过对行为的观察与测量能够对特定素质进行评价。把人员个体素质与其行为关联进行研究,有助于使个体素质研究具体化,并把素质分解为系列的行为活动,通过分辨影响个体业绩的关键行为,确定哪些素质是提高个体业绩的关键素质,从而有针对性地指导人力资源管理政策与措施的制定。

　　国内不论在理论界,还是在学术领域,对人才素质都进行了广泛而深入的研究。众多学者或人力资源专家从专业素质培养角度对个体素质展开了分析。如上海立信会计学院的邵瑞庆等人的《会计人才素质培养研究》,针对当前中国本科会计教育面临的问题,以社会和经济发展对会计人才素质的要求为出发点,探讨了中国本科会计人才素质培养应确立的理念和实施思路,并对会计人才的诚信品格塑造和实践能力培养等问题进行深入研究。江苏省跨世纪高等工程技术人才素质与教学改革研究课题组,在《高等工程技术人才的素质及培养》一文中提出了"在通识教育基础上建立宽口径专业、专-本连读"的人才培养模式[1]。胡岩在《工程技术人才的素质与能力》一文中提出了提高工程技术人才素质与能力的有效途径[2]。中国教育发展战略学会会长郝克明在《关于高新技术企业专门人才素质和培养模式的调查与启示》(2007 年 6 月)中对高新技术企业对人才素质的基本要求进行研究,高新技术企业产品更新换代快,全球市场竞争激烈,对专门人才特别要求具有创新精神,尤其是发现问题、研究问题和解决问题的能力。龚顺清在《中国物流人才素质和结构分析》中对中国物流人才的类别、知识结构、素质及能力等进行了研究,提出了开发物流人才的建议[3]。林泽炎教授在其《强国利器》中,通过对中国人力资源市场进行分析,着重探讨了党政人才、企业经营管理人才、专业技术人才和技能人才等人才素质开发的政策法规建设及制度设计[4]。

5.3.2 适配性人才素质模型

国内外学者从人才个体发展、专业培养、政策法规与制度设计等方面就人才素质进行了深入研究,其研究结论为本书研究中国制造业人才生态开发体系奠定了深厚基础,但以制造业产业链为轴心构造人才生态开发链及其运行机制尚需进一步探讨。

中国制造业的转型是指由以加工制造为主的传统制造业转向更加重视研发和营销的产业链上下两端延伸的现代服务型制造业转变,这种转变将伴随着较大规模的人员流动,对人员岗位能力提出了新的要求。这些流动人员长期以来已经形成了习惯于原有企业的

---

①江苏省跨世纪高等工程技术人才素质与教学改革研究课题组.高等工程技术人才的素质及培养[J].南京航空航天大学学报(社会科学版),1999(01):36~41

②胡岩.工程技术人才的素质与能力[J].科技咨询导报,2007(27):97~99

③龚顺清.中国物流人才素质和结构分析[J].重庆工商大学学报(社会科学版),2004,21(4):49~51

④林泽炎.强国利器——人才开发的战略选择与制度设计[M].北京:中国劳动社会保障出版社,2008

思维模式、行为方式和工作能力,需要经过一定时期的针对新型工作岗位的培训才能适应新的工作。现代服务制造业对信息化水平、企业的组织形式、经营的开放性与全球性、企业的研究开发能力与产品的技术含量都有较高的要求,其主要特征体现在以下方面:

(1)充分应用和吸收当今世界先进制造技术,如高新技术、高端装备制造技术等制造出数字化、智能化的产品;同时,紧跟信息化的步伐,大力发展现代生产型服务业,制造业与服务业既分工又融合。

(2)生产方式和企业组织形式必须重组,以适应现代技术快速发展与交融的步伐。

(3)资源配置方式必须与全球化相适应。

(4)以产业链为基础,利用现代信息技术,改造和集成现有业务流程,制造与服务既分工又协作,形成准时制(JIT)、精益生产、计算机集成制造系统(SIMS)、敏捷制造、虚拟制造与虚拟企业等新型制造模式。

现代服务型制造业的这些特征对人才种群的需求将发生较大变化。首先,企业内部制造环节地位的下降,相关人员的比重会减少,从事研究开发、市场开拓方面人员的比重将大幅度上升;同时,研究开发的专业化,势必形成一些专门从事技术开发的公司,加工制造环节与研究开发、市场开拓与营销等环节逐步相分离,将技术成熟或要求不太高的加工制造进行外包,企业重点强化核心竞争力,如核心业务的研究开发与市场营销等。

从需求角度来看,竞争环境的变化、收入差距的扩大、收入水平的提高使消费者的个性特征越来越突出,需要更加关注消费者的多样化、个性化需求,要求企业开始重视生产环节以外的竞争,如对不同收入阶层消费者需求变化特点的调查、消费环境的营造,等等。在此条件下,以往单纯强调加工制造的生产方式已经不能适应市场需求的变化,营销和市场开拓在企业发展过程中作用越来越突出,并且更加注重通过定制和及时响应来挖掘顾客的购买价值,广告、销售、售后服务和客户管理的作用越来越大。

　　鉴于此,本书认为中国制造业产业链内生模式适配性人才素质模型应该是:在全球一体化产业链(图5-3)基础上,以产业价值为核心,通过产业链上人才种群之间资源的流动与整合,以及人才种群个体之间知识与能力的传递实现低成本、高效率运作,以提高整个产业绩效的有机关联的人才种群及其个体所必须具备的素养与能力系统。其中素养与能力主要指能显著区分优秀与一般绩效的特征,如技能、能力、职业素养、创新潜质和知识体系等(图5-4)。这些特征在不同人才种群其表现形式呈现不同特点,且侧重点也不一样。产业链上人才种群主要包括制造企业必需的创新型工程技术人才、技能人才、企业管理人才、营销人才、信息人才、物流人才以及新产品研究开发人才。

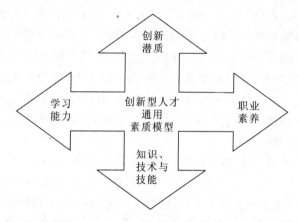

图5-4　中国制造业产业链内生模式适配性人才通用素质模型

5.3.3　相关概念阐释

　　(1)技能。指系统运用知识完成某项具体工作并经过多次操练习得的能力,即对某一特定领域所需技术与知识的掌握情况。

　　(2)能力。指个体与生俱来或后天习得的凝集在个体身上并区别于其他个体的特质,它在实践活动中日积月累并不断得到强化,其外显形式表现为工作效率的不断提高、环境适应能力的不断增强、工作成效的日益显著。

(3)职业素养。指个人在社会活动中必须遵守的职业内在的行为规范和要求,是个体在职业活动过程中表现出来的综合品质,主要包括职业道德、职业技能、职业行为和职业意识等方面。其中职业道德、职业行为和职业意识是职业素养中最基础的部分,属于世界观、价值观、人生观的范畴,从出生到退休或至死亡逐步形成,逐渐完善。职业技能则是通过学习、培训比较容易获得的内容,例如计算机、英语和车、钳、刨、铣等工艺加工都属于职业技能范畴,可以通过三年左右的时间掌握入门技术,并在实践运用中日渐成熟而成专家。但如果一个人基本的职业素养不够,比如说忠诚度或进取心不够,则技能越高的人,其隐含的危险越大。

(4)创新潜质。指运用综合知识,从普通事物或现象中发现问题、分析问题及解决问题的能力。主要包括搜集相关信息、识别不同信息间的联系、寻根溯源解决问题的思维能力;驱使个人很好地工作、努力实现优秀工作绩效的主动性;对自己的观点、决定和完成任务以及有效解决问题的能力的自信心;创造或引进新观念、方式及提高工作绩效的开放心态。

(5)知识。认知心理学从知识的来源、个体知识的产生过程及表征形式等角度对知识进行了研究。如布卢姆在《教育目标分类学》中从知识所包含内容的角度描述知识,认为知识是"对具体事物和普遍原理的回忆,对方法和过程的回忆,或者对一种模式、结构或框架的回忆"。皮亚杰从个体知识产生的过程研究知识,认为经验(即知识)来源于个体与环境的交互作用,这种经验可分为两类:一类是物理经验,它来自外部世界,是个体作用于客体而获得的关于客观事物及其联系的认识;另一类是逻辑-数学经验,它来自主体的动作,是个体理解动作与动作之间相互协调的结果。综上所述,知识应该是个体通过与环境相互作用后获得的信息和对客观事物及其运行规律的认知。知识作为一种特殊的信息,具有如下特征:

一是情景性与动态性。知识必须在规定的情景下起作用,人类选择知识一般都会进行情境对比。知识的形成也会经历产生、生长和衰退的过程,随着环境的变迁,一度有效的知识在新的环境或条件下将失去其有效性并受到挑战,需要不断更新和修正,或为新的知识所取代。

二是隐蔽性及心智可接受。知识往往存在于庞杂的信息中,具备较强的隐蔽性,需要进行归纳、总结和提炼且必须经过人的心智内化,真正理解,才能被准确运用。

三是主观性与行为导向性。由于个人阅历不一样,每个人对知识的理解存在差异,有的人理解深刻,有的人理解肤浅,往往会加入自己的主观意愿;同时,知识能够直接推动人的决策和行为,因个人对知识理解的差异性,带来个人决策和行动过程的不同。

四是知识的倍增及延展性。知识经过传播不会减少,而会产生倍增效应,并在应用、交流的过程中,被不断丰富和拓展。

五是知识的可复制、转移和再造性。知识可以被复制或重复利用、转移和重新整合,正是知识的这一特性,为人才创新提供了现实可能性。

六是知识的资本性及权属性。知识能使个人或事物价值增值,掌握知识的人,即便不在职务高位,也拥有一定的隐性权力。

(6)技术。指个人在学习、生活和生产经营活动中习得的思维和行为能力,技术自身指寓于物质如机器、硬件或器皿或更广的架构如系统、组织方法和技巧之中的客观存在,是知识进化的主体,由社会形塑或形塑社会。技术作为个人素质,必须在学习、工作等实践活动中才能得到。

(7)学习能力。发展自己的专业知识、职业知识或技能,发现问题、分析问题和解决问题的能力。爱迪乐(IDIIL)经过十多年的教学研究,逐步形成了评价学生基本学习能力的六大指标:学习专注力、学习成就感、自信心、思维灵活度、独立性和反思力。一个人或组织的学习能力往往决定了其竞争力的高低,正因为如此,无论对于个人还是对于组织,未来唯一持久的优势就是有能力比你的竞争对手学习得更多更快。对个人而言,学习是一种生存能力,通过不断学习,专业能力不断得到提升,技能组合日益成熟,所以不论处于职业生涯的哪个阶段,都应该不断学习。因为在职业生涯发展中,需要胜任工作的能力和能够迅速取得新能力的方法,为了求生存和求发展,每个人都必须不断学习那些自然和本能没有赋予他的生存技术。对组织来说,如果想要在激烈的竞争中立于不败之地,必须不断创新以适应变化了的环境,而创新来自于知识,知识则来源于人的认知,个人要获取新知识,则必须具备较强的学习能力。

5.4 中国制造业产业链内生模式与适配性人才素质模型关系

产业链内生发展模式基础上的人才素质模型是在知识、技能、能力、劳动成果、经验和教训等能量转换与传承基础上形成的人才素养与能力系统。该系统是中国制造业产业链整体提升的内核,以制造业产业链为纽带的产品加工及全球物质生产要素、商品、信息与资金的流动都必须围绕该内核流转;制造业产业链的价值是凝集各类人才种群的黏结剂;产业链价值的创造、价值的流动、价值的实现以及价值的分配受制于人才种群素养与能力的高低(图5-5)。因此,适配性人才素质模型决定着产业链的价值目标能否达到或实现,产业链直接影响人才资源的流动、人才种群规模的大小及演化与优胜劣汰,适配性人才素质模型与产业链之间互为依存、相互影响与制约以

图5-5 中国制造业产业链内生模式与人才素质模型关系

及共同发展与提高。

5.5 中国制造业产业链内生发展适配性
人才种群模式及开发构想

5.5.1 适配性人才种群模式

2010年9月,中国机械工业联合会专家朱森第教授在《未来十年中国制造业的发展》报告中指出,中国制造业转型升级必须尽快完成五个转变:"从主要依靠投资和出口拉动到主要依靠技术进步和提高劳动者素质推动、从注重生产能力的扩张到注重技术能力的积累"等。五大转变的重点主要体现在技术进步、技术能力、劳动者素质及服务型制造等方面,任何一个转变都离不开技术及劳动者能力的提升、高新技术的运用,更离不开先进技术或高新技术人才资源的开发。以制造业转型期产业链为核心的人才资源开发必须抓住三个重点,即高科技研发人才"金领"的培养、一线生产工人"蓝领"队伍的建设和贯穿于产业链始终的物流人才、信息技术人才以及金融与咨询等生产性服务人才的开发(图5-6)。

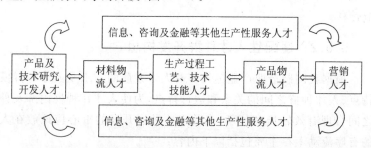

图5-6 中国制造业产业链内生发展适配性人才种群模式

这种人才资源模式是基于世界生产分工和中国制造业在全球产业链末端的现状所决定的。由于中国工业化起步比较晚,在产品设计、原料采购、产品生产、仓储运输、订单处理、批发经营、终端零售这条产业链中，中国处于最低端的产品生产过程，而这一过程是不需要过多的管理岗位类的"白领"来实现，只用大量的不同层次的"蓝领"工人来完成流水线化生产就足够。但中国制造业要尽快转型升级，必须从最低端的产品制造走向其他六个环节，最初需要的就是"金领"——高技术研发人才的技术创新，实现自主知识产权，掌握定价权。同时，专业性物流人才及市场拓展人才的深度开发是高新技术含量产品打入市场并参与国际竞争的保证；信息、咨询等生产性服务人才队伍水平的提高是产品研发和技术创新的必要条件。目前，中国制造企业大部分还停留在制造这一环节，创新研发刚刚起步。对不同人才种群的开发存在较大的盲目性，开发什么样的人才种群、种群中开发什么层次的人才、开发多少等问题的回答不明晰，很多企业还没有意识到这一问题的重要性，将更多的精力放在企业管理岗位类的"白领"阶层的扩大上，使得整体制造业发展速度缓慢。因此，政府在引导企业发展时，应结合中国制造业实际，推行政府-大学、培训及研究机构-市场-企业联动开发人才资源的模式，重视不同人才种群领军人才的开发，在领军人才带动下，提高各人才种群整体专业化水平和综合素质，推动制造业向产业链高端的研发和生产性服务环节转移。

5.5.2 适配性人才种群开发构想

根据我国制造业产业链发展对人才素质的需求及人才种群模式特点、人才种群之间的关系和运行特点，为使人才在种群内部及种群之间合理有效转换和流动，当前人才种群开发的重心应该放在人才的有序流动上。主要包括以下内容：

一是人才市场的健全与完善。人才市场是人才流动的场所。人才流动是调节人才的一种基本形式，是调整人才社会结构，充分发挥人才潜能必不可少的重要环节，是合理配置人才资源、提高人才资源使用效率的主要手段之一。据有关资料统计，国外的人才流动率为

15%～20%，而我国的人才流动率只有3%。究其原因，主要是人才流动的供求机制、竞争机制以及人力资本价格机制等市场机制尚未建立起来。因此，必须尽快健全和完善人才流动的市场机制，为人才有序流动提供必要的场所。

二是进一步完善与人才流动密切关联的社会保障制度。如医疗、养老、失业和住房、职称、户籍、档案等配套制度以及人力资本产权制度等，为人才合理有序流动扫除人事管理体制和制度上的障碍，为人才在不同国家、不同地区、不同部门及不同企业的流动免去后顾之忧。

三是健全政府在人才流动方面的宏观调控体系。政府宏观调控主要涉及政府转移支付、政府人才资源供求信息的公布与供需预测，以及政府在人才流动开发方面的政策指导与导向，能促进人才在合适时机自觉流动，调节人才种群内部结构，以及不同人才种群之间配置比例。

四是健全和完善人才市场中介服务组织。人才市场中介服务产业化、正规化、一体化和现代化是人才市场完善的重要元素，它是连接人才需求与供给的桥梁，通过它能得到人才资源供求的及时信息，了解人力资本价格状况，并进一步调节人才的供求。

五是建立人才开发的动态管理体系。首先，实行竞争上岗和岗位交流，加快人才培养，提高人才流动能力。"竞争上岗"有利于促进企业内部优秀人才脱颖而出，调动员工工作积极性和热情；"岗位交流"可以是对领导干部实行岗位交流，也可以是让管理人员轮换到其他能够尽其所长的岗位进行锻炼，还可以根据岗位需要定期进行人员轮换任职，由此建立正常的岗位交流制度。其次，通过定期考核和聘任制度，对人才实行动态管理，打破固定身份和终身制，对各种专家、各类专业技术职务和所聘用的专业岗位，全部实行任期制，彻底改变一评定终身的终身制；同时，要明确各自责、权、利，建立滚动式的津贴待遇。

专栏 5 - 2　　　中国制造业人力资本的技术结构与技术创新

一、制造业人力资本的技术结构

技术都是由人来开发和应用的。人力资本作为技术创新的主体是分层次的,人力资本拥有的技术不同,其所处的技术结构层次就不同。一般来说,在产业发展的过程中,结构性稀缺度大的某一层次或几个层次的人力资本往往成为最重要的制约因素。

制造行业因其自身的产业发展特点,呈现一定的技术结构特征和技术创新要求。从拥有的技术水平角度,与多数制造业的技术结构相对应,人力资本可分为三个层次:上层为尖端技术研究人才,也可称为学术型人才;中间层为应用研究人才,也可称为工程型人才;下游即生产操作的技能型人才,也可称为基础型人才。尖端技术研究人才基本属于技术导向,重视尖端技术的突破。例如军事武器的研制,有时不计成本。中间层的应用研究人才主要从事应用研究;最下层的技能型人才是实现产业化的最后环节,这两个层次的人才基本以市场为导向,注重技术转化为产品后的市场效果。

不同企业类型,有着不同的技术结构,也就需要不同层次的技术人才。当一个企业的技术结构呈现明显低高度、大宽度特征时,意味着它需要更多的基础性人才和中间应用型人才。这是当前大多数制造企业技术和人力资本结构的常态。

二、中国制造业人力资本的技术结构现状

自 20 世纪末以来,世界制造业出现了在全球范围布局产业链的新趋势。发达国家继续保持高尖端技术的垄断地位,同时在全球范围内进行新一轮制造业资源的优化配置,而中国成为世界制造业大规模转移的首选之地。这主要与中国丰富并受过一定教育与训练的人力资源、巨大的市场潜力和综合配套的制造业生产能力等因素密不可分。当前中国制造业技术结构分布呈现出以下特征:技术结构的高度较高,技术的宽度也较宽,同时应用型技术和基础性技术薄弱不扎实的问题日益严重。制造技术结构有较高的高度是因为中国在原子能技术、空间技术、高能物理、生命科学等尖端技术上有相当的水平。技术结构有较宽的宽度，是因为中国在人均国民收入较低的情况下已建立了较为全面的基础性加工工业，特别是机械装备工业体系。

但目前中国应用开发型技术创新不足、基础性技术老化问题却日显突出。技术结构不平衡，基础性技术厚度薄，应用型技术创新能力弱。宽广的基础性技术对制造业技术结构动态支撑作用越来越弱。表现为设计技术、可靠性技术、制造工艺流程、基础材料、基础机械零部件和电子元器件、基础制造装备、仪器仪表及标准体系等发展滞后，制约了制造业的发展。以汽车制造业为例，虽然近两年汽车产品令人目不暇接，但绝大多数为引进品种或稍加变动的车型，真正意义的自主开发产品还没有问世。一个重要原因在于基础技术不过关。比如汽车的外观设计图我们可以轻松地画出来，但每个零部件的摆放组装却达不到要求的程度。

三、中国制造业人力资本的技术结构特征

中国制造业人力资源丰富，但人力资本短缺且技术性结构呈现不平衡特点。

一方面表现为与制造业技术相适应的人力资本金字塔结构中，学术型人才丰富而工程型和技能型人才相对缺乏。"十一五"期间，中国专利申请总计近 160 万项，但转化率不足 25%，与发达国家 70%～80% 的转化率相比存在着巨大的空间。可见中国尖端技术人才并不缺乏，仅仅是由于人力资本的技术性结构不平衡造成了尖端技术资源利用效率的低下。中国的科学家和尖端技术人员，绝大部分就职于国有科研院所、高等院校，他们的科研和技术成果，又绝大部分被列为职务成果，束之高阁。

另一方面，工程型和技能型人才总体结构呈典型的"金字塔型"。目前中国城镇企业共有 1.4 亿名职工，最大的部分是非技术普通劳动力；2002 年 7 000 万名技术工人中，技师和高级技师的比例仅占

1.5％，高级技工占 3.5％，中级技工占·35％，初级工占 60％以上；2005 年中国统计年鉴数据表明，2005 年获得职业技能资格证书的有 600 多万人，其中获初级、中级、高级、技师、高级技师证书的比例分别为 38.2％、48.8％、10.5％、2％、0.05％。与此相对应的是，西方国家劳动力人才结构呈现出"橄榄型"分布，一般情况下，初级工占 15％，中级工占 50％，高级工占 35％甚至 40％以上。国内制造业的快速发展，急需一大批既懂现代技术又操作娴熟的"能工巧匠"。高级工、技师和高级技师的匮乏与制造企业的人才需求之间形成了巨大的缺口，并且进一步强化了基础性技术工人的稀缺度，已对制造业发展造成制约。根据劳动和社会保障部最近发布的 2006 年第二季度全国 99 个城市劳动力市场供求状况，中高级技能人才依然供不应求，其中，高级工程师、高级技师和高级技能人员的求人倍率（即招聘职位与求职人数之比）最高，分别为 2.08、1.96 和 1.71；据深圳 2006 年度劳动力市场工资指导价位显示，深圳市的高级技师平均月收入为 6 234 元，比硕士及以上学历者高 1 766 元，比正高级专业技术职称者也高出 695 元；高级技师月薪"参考价"的高位数达到 22 394 元，低位数也有 4 121 元；初级工、中级工、高级工、技师、高级技师五个等级的工资增长幅度均超过 10％；"高级蓝领"的收入已经超过了硕士生。按正常产业周期来看，目前社会对这类人才的渴求，至少七八年才能缓解。

四、人力资本的技术结构调整与技术创新要求

技术是促进企业和产业发展的重要因素。中国制造业在生产环节方面已经成为世界制造业产业链中不可或缺的环节，但处于相对低端，国际竞争力偏低。提高制造业企业的技术水平和技术创新能力是当务之急，这就要求突破技术与人力资本瓶颈。人力资本与技术创新是一个动态匹配的过程。最初人力资本 1 与技术创新 1 匹配，后来在原有技术和人力基础上产生技术升级，必然对人力资本提出更高的要求。对于制造业的技术创新战略而言，人力资本不仅要在数量上满足它，质量上保障它，更要在技术结构上契合它。人力资

本技术性结构调整与技术创新的和谐发展以及人与技术相结合的组织系统各要素本身的协调发展,归根结底是为了实现制造业产业组织本身的可持续发展。

1.中国制造业的技术创新要求

中国制造业多年来的"以市场换技术",使中国的制造业体系加工制造能力提升,低成本高质量的产品遍布全球,但核心技术依然没有获得。下一步中国制造业的发展,要依赖于以技术创新为中心的产业升级。从技术变革的角度讲,制造业技术创新更是一个地区凭借以往的技术积淀实现的具有质变意义的技术突破。总结长期的引进与创新实践,中国制造业的发展模式应该是建立与自己的工业技术基础和国情特点相适应的技术创新体系,具体表现为技术研究吸收与开发结合、制造生产与革新并举。与此相应必然对人力资本的技术性结构进行调整。

2.人力资本的技术性结构调整

(1)夯实基础性技术,积累基础性技术人才。基础性技术是中国制造业的长远优势。世界上发达国家发展的历程表明,以机械装备工业为主体的成熟基础性技术是实现一个国家工业化的基础,是推动经济发展的根本动力之一。20世纪后半叶发达国家的基础性技术及其部门出现了衰退的迹象,对于像中国这样的基础性技术宽度较宽、人力资源丰富的国家而言,是历史赋予的机遇。充分认识劳动力素质提高和劳动力资源丰富、价廉的长期优势,培养和积累低成本和高质量相结合的人力资本,通过发展中高等职教、企业内训等多种方式提升技能水平,使越来越多的普通劳动力变为中高级技术人才,从而改善人力资本的技术结构。

(2)强化应用型技术,培养、引进技术开发型人才。中国大多数制造业企业技术开发能力薄弱,尚未成为技术创新的主体,缺乏一支精干、相对稳定的力量从事产业共性技术的研究与开发。中国可以利用后发优势走劳动和资本密集的路子,加快信息技术制造业的发展,并借以改造传统制造业,提高非核心技术的竞争力,强化世界制造中心的地位。相应人力资本的技术性结构也要调整。一方面通过政府的引导建立企业、高校与科研院所的联系,把产、学、研紧密地连接起来,使学术性人才和技能型人才融合。另一方面,鼓励企业采用联合出资、共同委托等形式,加大研究开发资金投入;并积极从高等院校及海外留学的人才中选择有志于制造业发展的人才充实到企业的开发研究部门,增加人力资本中开发应用型人才的数量,以培养企业独立的技术创新能力。

　　资料来源:www.TopSage.com.发表于 2010-04-26

第六章　中国制造业创新型人才生态开发外部环境分析

6.1　中国制造业创新型人才生态开发外部服务要素及其职能

6.1.1　外部服务要素

人才聚集与区域环境密切相关,追求有利于个人发展并能实现个人价值的环境是人才的天性,适宜的人才环境有助于优秀人才的汇集,人才对环境的需求是全面的、多样化的,环境对人才的影响也是全方位的、多层面的。营造和开发人才生存与发展的服务环境是中国制造业创新型人才开发必须深入研究的课题。政府、企业、人才市场、大学以及培训和研究机构等是人才外部服务环境的主要因素,它们从政策、法律法规、措施、市场运行机制和培养内容等方面引导和助推人才的聚集和人才种群的形成。

6.1.2　外部服务要素的职能

人才种群开发过程中,学校及培训和研究机构履行人才生产者的职能,他们在学科建设、专业设置和教学方式等方面进行人才开发。

企业实现消费者功能,从人才管理与引进等方面聘用人才,并用人性化的管理手段挖掘人才的创造潜能且为企业所用。

市场执行着人才分解者的职能,对学校和培训机构生产出来的人才产品按人才市场需求进行分解与调配。

政府则站在整个制造行业高度,发挥人才开发的战略指导作用,通过政策的制定引导人才的培养、引进与聘用;同时以法律法规规范人才市场,促进人才的良性流动与有序开发。这些开发主体联动协作,共同提高人才资源的工作效率(图 6-1)。

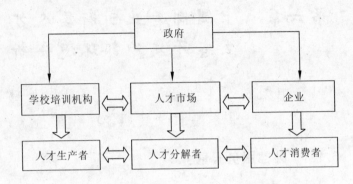

图 6-1　人才生态开发外部服务要素及其职能

6.2　全球产业链下中国制造业创新型人才生态开发机会与威胁

6.2.1　全球产业链对中国制造业人才生态开发的影响

20 世纪 90 年代以来,全球经济一体化趋势越来越明显,世界制造业体系迅速在全球范围内进行垂直分离和再构,使得国际分工发生了巨大变化。在迈克尔·波特"价值链"(Value Chain)等理论基础上,Gereffi 等人提出了全球产业链思想。他将企业战略规划的视野扩展到全球范围内整个产业上游的研发、设计,中游的零部件制造与组装以及下游的营销、品牌和服务。以产业为基础的全球垂直专业化分工,即为全球产业链分工,主要表现为劳动密集型工序与资本、技术、知识密集型工序之间的分工、设计与制造的分工,并且越来越多的国家参与到这种分工活动中。分工的细化与专业化导致了国与国之间的比较优势更多地体现为全球产业链上某一特定环节的优势,而非传统的最终产品优势。全球产业链的有机运作必须以产业链的高效整合为手段,才能以更高的效率走完整条产业链的产品设计、仓储运输、原料采购、订单处理、批发经营和终端零售,在市场适应和消费者互动上取得主动和领先地位,达到提高全球产业链整体效益的目的。

全球产业链对人才生态开发的影响主要表现在以下方面:

全球产业链分工在纵向上分离出不同的层次,导致产业链上劳动分工的细化、专业化与层次化,使得国际劳动分工呈现不平衡发展趋势。

一方面,它使处在全球产业链低端劳动的横向差别减少,资产专用性弱化为通用性。处于产业链低端的国际分工"进入壁垒"很低,规模化生产对普通劳动力提出了大量需求,发展中国家以大量低廉的劳动力吸引着国际跨国公司的涌入,以低廉的劳动力进入全球产业链低端是发展中国家参与国际分工的主要形式。

另一方面,它使处在全球产业链高端的劳动差别日益扩大且专业化。产业链高端的国际分工"进入壁垒"和"退出壁垒"都较高,参与者不仅以劳动,而且以专业化知识和专用性资产参与国际分配。发展中国家制造业因先进技术、先进加工工艺、研发能力以及生产性配套服务能力的不足在全球产业链分工中处于弱势地位,跨国公司在全球产业链分工中占据优势地位,全球产业链分工使跨国公司能在全球范围内整合优质资源。

上述原因导致目前中国制造业产业链人才资源结果就是:中国拥有丰富的产业链低端的劳动力资源,产业链高端的劳动力资源与日本、德国和韩国等国家相比绝对量也占优势,但制造产业链高端及高端所必需的技术领域,如装备制造、航空航天、海洋、信息、生物技术、新材料、能源资源、生态环境保护、农业科技以及现代制造服务领域(如金融、国际商务和现代物流)等方面人才需求缺口较大,达500多万人[①]。

---

① 数据来源:《国家中长期人才发展规划纲要》战略组、起草组专家沈荣华.《人才规划纲要》的新思路新理念——加快中国人才发展急需解决的若干问题,2010年10月

中国制造业要跻身全球产业链高端，人才资源的开发是第一要件。如何围绕中国制造业对产业链高端人才的需求、盘活中国制造业产业链各环节现有劳动力资源，并开发制造业产业链上紧缺的新兴产业劳动力资源，通过劳动个体能力、知识、信息等的有机有序传递，加强产业链上人才种群内部、不同人才种群之间，以及整个制造业产业链人才种群间的协作与融通，以提升制造业产业链的整体运作效率，并最终实现制造业转型升级的目标，这一课题对人才开发服务机构提出了更高要求：政府、学校与培训机构、市场以及企业等人才生态开发的外部要素是实现这一目标的主体与实践者；站在全球产业链的角度、营造人才资源生态开发的外部服务网络并促进人才资源生态开发的良性运转，是政府、学校与培训机构、市场以及企业在人才生态开发链上各行其职、协同发展的理性选择。

6.2.2 中国与主要发达国家人才开发现状比较

1. 中国人才开发现状

从研究与试验发展（R&D）人员开发看，2004—2009 年，全国 R&D 人员总量由 2004 年的 115.3 万人逐年上升，2009 年达到 229.1 万人，每万个劳动力中 R&D 人员 2004 年为 15 人，到 2009 年上升到 28.71 人（表 6-1、图 6-2）。

表 6-1 R&D 人员总量

	2004 年	2005 年	2006 年	2007 年	2008 年	2009 年
R&D 人员（万人）	115.3	136.5	150.3	173.6	196.5	229.1
每万个劳动力中 R&D 人员（人）	15.00	17.53	19.20	22.08	24.80	28.71

从全国普通高等学校毕业人数看，2008 年毕业人数为 511.95 万人，2009 年为 531.1 万人，略有上升。2004—2009 年，出国留学人

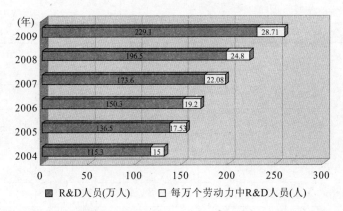

图 6-2　每万个劳动力中 R&D 人员与 R&D 人员总量比较

员 2004 年为 11.5 万人，到 2009 年上升为 22.9 万人，上升比例约
50.22%；学成回国人员 2004 年为 2.5 万人，到 2009 年上升为 10.8
万人，上升比例为 23%。从出国留学人员上升比例与学成回国人员
上升比例看，前者上升比例远远大于后者上升比例（表 6-2）。

表 6-2　出国留学人员与学成回国人员对比

	2004 年	2005 年	2006 年	2007 年	2008 年	2009 年
出国留学人员（万人）	11.5	11.9	13.4	14.4	18.0	22.9
学成回国人员（万人）	2.5	3.5	4.2	4.4	6.9	10.8

从高技术产业 R&D 人员经费投入看，2009 年全部投入为
892.1 亿元，其中航空航天器制造业、电子计算机及办公设备制造业、
电子及通信设备制造业、医疗设备及仪器仪表制造业以及医药制造
业分别为 66.3 亿元、104.8 亿元、501.2 亿元、85.4 亿元和 134.5 亿
元，与工业总产值之比分别为 4.90%、0.64%、1.73%、1.94% 和
1.42%（表 6-3）。

表 6 - 3   高技术产业 R&D 经费与工业总产值之比

	R&D 经费支出 （亿元）	与工业总产值之比 （%）
全部高技术产业	892.1	1.48
航空航天器制造业	66.3	4.90
电子计算机及办公设备制造业	104.8	0.64
电子及通信设备制造业	501.2	1.73
医疗设备及仪器仪表制造业	85.4	1.94
医药制造业	134.5	1.42

2. 全国高技术产品进出口（表 6 - 4）

表 6 - 4   2009 年高技术产品进出口对比（按领域分） （单位：亿美元）

	出口	进口	差额
合　计	3 769.31	3 098.53	670.77
计算机与通信技术	2 824.65	735.85	2 088.80
生命科学技术	110.59	94.77	15.81
电子技术	510.75	1 484.81	−974.06
计算机集成制造技术	50.97	196.91	−145.94
航空航天技术	26.84	140.34	−113.50
光电技术	209.27	385.38	−176.11
生物技术	2.96	3.60	−0.64
材料技术	29.63	50.74	−21.12
其他技术	3.65	6.13	−2.48

数据来源：中国科技部网站

表6-4中,除了计算机与通信技术和生命科学技术为顺差外,高技术产品进出口差额呈负值的领域从大到小依次为电子技术、光电技术、计算机集成制造技术、航空航天技术、材料技术、其他技术和生物技术。

3.中国与部分国家R&D人才开发比较(表6-5)

表6-5　中国与部分国家R&D人才开发比较

国　家	R&D人员 (万人)	排名	每万个劳动力中 R&D人员(人)	排名
中国(2009年)	229.13	1	29	8
日本(2008年)	88.27	2	133	2
俄罗斯(2009年)	84.59	3	112	5
德国(2009年)	52.91	4	127	3
法国(2008年)	38.45	5	137	1
英国(2009年)	33.03	6	106	6
韩国(2008年)	29.44	7	121	4
意大利(2009年)	23.92	8	96	7
加拿大(2007年)	22.87	9	127	3

数据来源:中国科技部.OECD《主要科学技术指标2010/2》

从表6-5可以看出,在9个国家中,中国R&D人员绝对量排名第一,但相对于国家总人口数量看,排名最后,排前3名的分别是法国、日本和德国。

4.中国与部分国家 R&D 活动经费支出(表6-6)

表6-6 中国与部分国家 R&D 活动经费

国　家	基础研究(%)	排名	应用研究(%)	排名	实验发展(%)	排名
中国	4.7	7	12.6	7	82.7	1
美国	17.4	4	22.3	4	60.3	5
法国	25.1	2	39.2	2	35.7	6
意大利	28.7	1	44.7	1	26.6	7
日本	12.2	6	22.6	3	65.2	2
韩国	15.7	5	19.8	5	64.4	3
俄罗斯	18.8	3	19.4	6	61.8	4

数据来源:中国科技部.OECD《研究与发展统计2010》

从表6-6可以得知,所列举的国家中,意大利和法国在基础研究和应用研究方面分别排名第一和第二,中国在基础研究和应用研究方面投入都排名最后;在实验发展方面,中国排名第一、日本第二、韩国第三。

5.中国与部分国家发明专利授权量(表6-7)

表6-7 2008年中国与部分国家发明专利授权量比较

	中国	日本	美国	韩国	欧洲专利局	加拿大	俄罗斯	德国	法国	墨西哥
国内(件)	46 590	151 765	77 501	61 115	—	18 703	22 260	12 639	9 236	197
国外(件)	47 116	25 185	80 271	22 408	59 819	16 817	6 548	4 669	1 575	10 243
合计(件)	93 706	176 950	157 772	83 523	59 819	35 520	28 808	17 308	10 811	10 440
合计位次	3	1	2	4	5	6	7	8	9	10

数据来源:世界知识产权组织工业产权统计(2010)

表6-6中,2008年发明专利授权量位居前三名的国家分别是日本、美国与中国。

6.中国与部分国家科技论文数量(表6-8)

表6-8　2009年中国与部分国家科技论文数量比较

国家	科学引文索引 SCI		工程索引 EI		科学技术会议录索引 ISTP	
	万篇	位次	万篇	位次	万篇	位次
合计	144.2		40.9		42.8	
中国	12.0	2	9.3	1	5.2	2
美国	39.8	1	6.9	2	10.5	1
日本	9.2	5	2.9	3	2.7	3
英国	11.4	3	2.2	5	2.6	4
德国	10.7	4	2.5	4	1.9	5
法国	7.5	6	2.1	6	1.9	6
意大利	6.4	7	1.4	10	1.4	7
加拿大	6.2	8	1.5	9	1.2	8
韩国	4.3	11	1.6	7	0.7	13
俄罗斯	3.2	15	1.1	13	0.7	14
印度	4.5	10	1.6	8	0.8	10
巴西	3.5	13	0.6	17	0.7	12

数据来源:中国科技部网站

从表6-8可以看出,中国在科学引文索引和科学技术会议录索引排名第二,在工程索引论文排名第一;美国在工程索引论文排名第二,在科学引文索引和科学技术会议录索引排名第一;科学引文索引排名第三的是英国,工程索引论文和科学技术会议录索引排名第三的是日本。

综合考虑以上数据,总体来看,全国普通高等学校毕业生及R&D人员开发的数量已具备了一定规模并逐步趋于稳定;出国留学人员上升比例与学成回国人员上升比例每年都在上升,但学成回国人员上升的速度与出国留学人员上升速度比较,前者远远低于后者,说明国内人才发展环境与国外对比仍然存在差距,对人才吸引力有待提高;高技术产业 R&D 经费支出占工业总产值的比例偏低,只有 1.48%;从高技术产品进出口差额分析,电子技术、光电技术、计算机集成制造技术和航空航天技术等领域呈负值,说明中国在这些领域的产品国际市场竞争力急需提高,特别是电子技术、光电技术、计算机集成制造技术和航空航天技术。技术的创造与提升离不开创新型人才的开发,因此,要尽快解决这些领域技术问题,创新型高技术人才的开发是关键。

再从中国与部分国家在 R&D 人才开发的数量、投入及人才产出等方面分析,在法国、日本和德国等 9 个国家中,中国 R&D 人员绝对量排名第一,但相对量却排名最后,说明中国 R&D 人员开发的相对规模与世界部分国家对比,远远不足。R&D 活动经费支出方面,中国在基础研究和应用研究方面投入都排名最后,在实验发展方面排名第一。

基础研究指认识自然现象、揭示自然规律、获取新知识、新原理、新方法的研究活动,主要包括:科学家自主创新的自由探索和国家战略任务的定向性基础研究;对基础科学数据、资料和相关信息系统地进行采集、鉴定、分析、综合等科学研究基础性工作。基础研究是原始性创新能力、积累智力资本的重要途径,也是跻身世界科技强国的必要条件及建设创新型国家的根本动力和源泉。

应用研究指为获得新知识而进行的创造性研究,主要针对某一特定的实际目的或目标。

实验与发展指运用新知识去创造新的应用而进行的系统的创造性活动。

基础研究与应用研究是实验与发展的后盾,实验与发展是基础研究与应用研究所创造的新知识在实践中的具体运用。这三者相互联系、相互促进,共同完成人类科学技术的发展与飞跃。但要建设创新型国家,具有原创性知识特点的基础研究与具有实际目标特点的应用性研究,从战略上分析,意义更重大。忽略这两方面的投入将直接影响国家重大创造性成果的产生。因此,中国 R&D 投入在基础研究、应用研究比例应该加大。

2008 年,中国发明专利授权量在所对比的国家中排名第三,科技论文数量排名第二,人才成果开发方面取得了较大进展,这一结果说明中国学术型人才开发效果较好。目前,中国学术型人才主要集中在政府主导下的科研院所和高等教育机构,学术型研究成果用于指导制造企业实践或直接产业化、市场化的途径还需要进一步疏通,如中国在原子能技术、航天技术、生命科学技术等尖端方面都具备了相当高的水平,如何尽快把这些高端技术应用于中国的制造生产,这是值得深入研究的课题。因为学术型研究成果与制造业需要的工程应用类和基础类(如基础材料、基础制造装备、基础机械零部件等)研究成果之间还存在距离,而中国学术研究与制造业联系不紧的状况制约着这一距离的缩短,所以中国制造业急需开发既了解高端学术研究成果又熟悉制造工程技术的创造性人才。

6.2.3 中国制造业创新型人才生态开发的机会与威胁

根据上述分析结论和中国制造产业人才开发状况,中国制造业创新型人才生态开发外部服务要素即政府、学校与培训及研究机构、人才市场和企业给人才开发带来了诸多机会,不过,仍然存在许多不足,人才生态开发必须面对现存的或潜在的威胁(表 6-9)。

表6-9　人才生态开发的机会与威胁

	机　会	威　胁
政府	政府推出了系列人才开发计划与工程:创新人才推进计划、青年英才开发计划、企业经营管理人才素质提升工程、高素质教育人才培养工程、海外高层次人才引进计划、专业技术人才知识更新工程、国家高技能人才振兴计划	体制机制障碍尚未消除,人才开发投入不足,基础研究与应用研究投入滞后
学校及培训机构	学校及培训机构的国际合作办学与培训,学校与产业及政府的合作,研究所与政府和产业的合作	在人才创新创业能力方面制约因素太多,本科与高职高专教育隔离妨碍了人才在技能技术与知识学习等方面的融通性开发
人才市场	中国人才市场供给规模的扩大有助于创新型人才的进一步开发,人才国际流动有助于人才视野开拓	国际人才竞争越来越激烈,据中国社科院研究,中国人才国际竞争力世界排25位左右,与世界先进国家相比差距较大,人才流动的体制、制度及地区存在障碍
企业	产业链基础上企业的发展,为不同人才种群的聚集提供了平台,人才的融合与凝聚有利于人才种群的优化及个体能力的提高	人才结构和分布不合理,高层次创新型工程技术类和基础研究类人才匮乏,企业特定需求的人才难以满足

6.3 全球产业链下中国制造业人才生态 开发服务要素的网络协同

中国人才资源发展现状表明,无论是在经费投入,还是在产出成果原创性等方面,还有许多急需提高的地方。针对全球产业链发展环境下中国制造业面临的机会与威胁,产业升级的突破口就是要提升人才资源层次,改善人才资源结构,制定适应性政策,扫除人才开发过程中的体制和机制障碍,探索出一条适合中国制造业产业链内生发展模式的人才资源开发模式。

人才资源生态开发外部服务要素是指为人才成长与发展提供培训、使用、晋升、流动以及人才潜能发掘等服务的相关机构、组织或场所。这些服务要素主要涉及政府、学校与培训及研究机构、人才市场和企业等。他们在人才资源生态开发过程中履行各自职能同时,又相互协作、相互关联,共同组成人才发展的良性互动的外部系统,完成人才资源生态开发的全过程。

6.3.1 人才生态开发服务要素的作用

政府-大学、培训及研究机构-市场-企业之间的联动作用是中国制造业产业链适配性人才资源开发的关键所在。大学、培训及研究机构是创新型人才生态开发的工作母机,企业是适配性创新型人才生态开发的熔炉,市场是适配性创新型人才生态开发的分解器,政府是大学、培训及研究机构、企业与市场在适配性创新型人才生产、分解以及消费过程的调适器。

大学、培训及研究机构通过学术进步产生新知识和新技术,是知识、技术传承的摇篮。它们将知识资本化作为学术目标,通过鼓励科技创新,技术升级,培养拥有最新的系统知识与技术的人才,它所生产的产品只是具有开发潜力的初级人才。不过这一阶段的初级产品的创新素质的培养极其关键,正如一般产品要创品牌,首先必须强内功一样,创新素质就是从大学等机构毕业的学生在是否具有进一步开发价值的核心判断依据。因此,作为人才培养工作母机的大学、培训及研究机构,应该以新知识、新技术传授为手段,注重创新素质的培养。

企业为提高核心竞争力,对员工进行再培训,提高员工的技能化水平和忠诚度,但企业更应该设计鼓励员工提出新思想、新创意和新的产品和工艺方案的制度,使员工所掌握的知识与企业主营业务密切结合,充分挖掘员工的创造潜力,形成既具有系统理论知识又具备丰富实战经验的研发团队和高级技能人才队伍团队。

人才市场存在丰富的人才供求信息,以价格为手段,调节着人才的供给和需求,并具备把人才从一个人才种群分解到另一个人才种群中去的能力,即当某一人才种群在市场上供给大于需求而薪酬水平下降时,这一种群中的人才个体或直接流向另一相邻的人才种群或经过培训后再流向另一人才种群。

政府作为大学、培训及研究机构、企业与市场之间在人才生产、分解与消费方面的调适器,为这些相关方提供人才资源开发宏观政策支持,一方面是对市场中技术层次低,失业的操作性人员进行再培训,并提供最低生活保障,将其转变为有实际操作技能的“蓝领”,供企业再使用,降低企业用工成本,提高企业生产效率;另一方面,对企业中急需的短期内无法速成开发的紧缺专业人才通过外部引进并开辟绿色通道,以补充企业及时之需;同时,政府还应该在人才市场流动方面制定灵活的政策,打破户籍、档案等体制障碍,规范人才市场秩序,清除人才市场地方垄断现象,以保证人才市场的有序流动,使劳动力价格真正能起到调节人才流动的作用;此外,政府还应该在大学、培训及研究机构与企业之间搭建产、学、研平台,形成官、产、学、研一体化人才开发平台,培养高水平的科研团队,促成科研成果转化为现实生产力。

6.3.2　人才生态开发服务要素的网络协同

(1)大学、培训及研究机构是创新型人才生态开发的基本要素，且各种形式培训机构的作用日显突出。这些要素对人才生态开发的形式主要包括三个方面：一是由以专家学者为主导的学术带头人牵头构建科研项目小组，通过课题研究，培养具有创新能力的科研队伍，为企业培养高素质科研人才；二是根据企业岗位需求实行定单式人才培养，采取理论-实践-理论的教学模式，为企业培养高素质一线生产技术人员；三是为社会再就业人员提供职业培训，为企业解聘人员提供继续教育机会，增强社会竞争力，维护社会稳定。

到 2009 年底，中国拥有各类大中专型院校及研究培训机构 5 512 所，其中研究生培养机构 796 所，普通高校 2 305 所，专科院校 1 215 所，成人高等学校 384 所，民办的其他高等教育机构 812 所。此外，还有各类非学历培训组织，如企业的培训部门等。大学、培训及研究机构众多，资源条件较好，高等教育学校(机构)毕业(结业)生包括：研究生 371 273 人，普通本科、专科生 5 311 023 人，成人本科、专科生 1 943 893 人，网络本科、专科生 983 521 人，研究生课程进修班 46 803 人，电大注册视听生 1 113 人，自考助学班 196 768 人，进修及培训 5 073 449 人，留学生 55 251 人；普通本科、专科生比例为 39%，进修及培训为 36%，成人本科、专科生为 14%，网络本科、专科生为 7%(图 6-3)。

从这些数据可以看出，进修及培训已占比例 36%，说明实践中新知识的不断出现，对个体素质及能力提出了更高要求；同时，由于人才市场竞争的激烈，促使人才个体希望利用各种培训或进修机会提高自身适应能力，人才市场对新知识、新能力的不断需求，对继续教育机构、数量及质量提出了更高要求。因此，各类培训机构与其他形式的教育机构一起，对人才资源的开发发挥着越来越重要的作用。

(2)企业是创新型人才生态开发的有效平台。企业为了使员工对企业的发展目标有深刻的体会和理解，增强员工对企业的认同感，

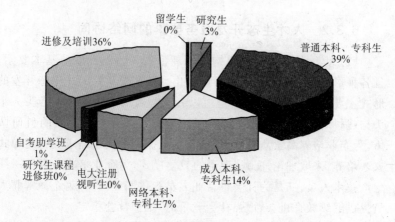

图 6 - 3　高等教育各类毕业(结业)生人数比例

数据来源:中华人民共和国教育部网站,2009 年教育统计数据

使员工了解岗位需求,提高员工的技能与绩效,提高员工的职业素质,培养优秀的管理人才,花大力气进行人才生态开发。这主要包括:企业知识开发与培训。其培训的对象是新员工,目的是使新员工具备完成本职工作所必需的知识,包括基本知识和专业知识,以便使新员工能更好地适应岗位需求,降低员工的流动率。多样化培训,培训的对象是老员工,目的是使员工对他人的不同工作采取认同感,减少偏见,使企业的每一名员工都能与其他员工组成一个团队进行工作。职业道德培训,培训的对象是全体员工,目的是培养员工拥有良好的道德品质,保守企业秘密,建立团队协助的精神,增强员工对企业的归属感和荣誉感等一系列针对性培训。

在此基础上,还可以选择培训方法,比如职前培训、在职培训、职务培训、不脱产培训、脱产培训、员工自我开发等。同时,企业也是人才潜能挖掘、充分发挥人才创造性的重要场所。人才资源与一般物质或自然资源一样具有价值性,但人才资源是一种特殊的价值资源,其价值的特殊性体现在它是一种资本性的资源,人才资本与人才本身密不可分,只有在得到足够激励的条件下,才能发挥其创造的积极性和主动性。因此,企业对人才资源潜在创造性的开发即管理开发在中国制造业转型期意义更重大。

　　(3)人才市场中国现称人力资源市场,国际上统称劳动力市场。与资金、土地、厂房等资源一样,都是生产要素市场的重要组成部分。人才市场是人才流动的场所,人才流动指人才资源通过人才市场从某一个组织流动到另一个组织。人才市场合理有序流动是产业链人才生态开发和人才资源有效配置的重要手段。人才市场与其他商品市场一样,都受价格机制的调节,某一类人才种群价格上升,则该类人才种群供给增加;反之,减少。但人才市场有别于其他商品市场,一般商品市场是买卖商品的场所,市场竞争决定商品在市场上的进退;而人才市场虽然是劳动力交换的场所,不论国内还是国外,劳动力的配置都受制于市场、政府以及中介服务和人才个体预期等多种因素的影响。

　　在国外,当前人才市场呈现如下特点:人才中介机构从以私营为主到私营、工会和国营中介并存;人才市场体系化且法制化;中介服务体系现代化且多元化;人才市场开放规范,人才流动自由活跃。

　　在国内,人才市场运行机制即供求、价格、竞争等机制尚需健全;全国统一开放的人才市场还未形成,相衔接的社会保险制度、档案管理制度、身份界限以及住房制度仍然需进一步完善;人才市场法规体系和监管体系未形成,一些"黑中介"采取多种不正当竞争手段,甚至违背职业道德,损害了有关当事人的利益却得不到应有的惩治,部分中介服务机构从业人员专业化水平不高,且缺乏自我规范、自我约束的职业道德素养,肆意抬价或压价,用不正当竞争手段来抢占客户,严重扰乱了人才市场的正常秩序;人才市场的整体信息化服务水平不高,导致人才供求信息的收集、整理和预测以及发布制度不完善,市场对人才资源配置的有效性需要进一步提高(表6-10)。

　　全球产业链环境下中国制造业人才资源的有效配置国内市场是基础,国外市场是必要的补充,特别是产业链上紧缺人才种群的高层次人才,国内市场短期内无法提供,只能通过国际人才流动引进才能满足特殊人才之需。从国内外人才市场状况看,国外人才市场不论法制与制度体系还是人才服务及技术体系等都较完善,而国内市场这些体系亟待建立和规范,并与国际市场接轨,排除紧缺人才引进时的体制机制和制度障碍,如户籍、社会保障、住房、档案、人事管理与身份等制度性障碍。同时,产业链需要尽快提高在全球产业链中的地位,以产业发展必需的重大技术攻关项目为突破口,加大投入,通过项目吸引并凝集人才。

就业歧视与就业观念也是当前制约中国人才市场自由流动的非常重要的因素,像技能性操作类人才种群,因社会对这类人才掺杂太多鄙视因素,导致这类人才特别是高技能人才严重缺乏,而制造业产业链随着高新技术应用的不断增加,对技能人才尤其是高技能人才的需求势必相应增加;否则,再高再新的技术离开了匹配的技能性人才,产业链依然无法正常运作,无法生产出高品质的产品。德国能生产品质优良的产品与它长期重视技能人才种群的开发与培养是密不可分的。

表 6 - 10   国内与国外部分国家人才市场特征比较

国家	人才市场特征
中国	人才市场开放但欠规范,人才中介服务良莠不齐,人才流动的法制、体制及机制障碍急需排除,人才流动不论对个体还是对企业成本及风险高
英国	人才市场开放且体系健全,人才中介产业化,人才频繁自由流动
美国	人才市场体系健全,人才中介服务机构发达,人才流动自由活跃
德国	政府发挥主渠道作用,服务体系庞大,人才中介发展得到支持,现代化人才服务设施完善
法国	政府对人才中介组织不领导、不指导、不管理,人才中介均为私有,依法运作
日本	政府、社会、官办民助结合,培训和人才派遣独具特色
新加坡	官办民助、人才市场制度规范化管理,重视引进海外人才

（4）政府是创新型人才生态开发的保障。政府为人才生态开发提供政策支持、法律法规保证、资金投入和福利保障。中国制造业产业链优化升级过程中，伴随着企业重组、产业升级换代、多角化经营、竞争加剧和企业破产，势必出现大量摩擦失业、结构失业、非自愿失业人员，这就需要政府加大政策倾斜度、资金投入量、福利保障水平，积极促进人才资源生态开发，使失业人员能够适应新工作岗位需求，实现再就业。

常见运作方式包括：个人就业顾问服务，即通过完善公共就业服务制度，提高公共就业服务的质量和效率，为登记求职的城乡劳动者提供免费的职业介绍服务。再就业技术培训，即积极开展面向新成长劳动力的劳动预备制培训、下岗失业人员再就业培训、在岗职工继续教育和农村劳动力转移就业培训，尽快形成面向城乡劳动者的多种类型、多种形式的职业培训体系。融资计划服务，即通过制订实施税费减免、小额信贷等财税、金融政策，鼓励支持劳动者自谋职业和自主创业，引导激励企业更多吸纳就业，帮扶就业困难人员再就业，提高灵活就业人员的稳定性。

政府在人才资源开发过程中，除了履行上述职责外，更重大的任务是要通过政策导向及资金扶持，引导大学、培训及研究机构培养中国制造业急需的人才种群；梳理人才资源市场，消除档案、户籍及社会保险的地区障碍，打破职称、评级和职业资格评聘的跨行业藩篱，促进人才在不同地区、不同城市甚至跨国际的良性流动，特别是为制造业紧缺的短期内国内无法培养的高层次创新型人才的跨国引进开辟绿色通道。

同时，政府应该发挥在人才资源生态开发中的协调作用，通过官、产、学、研与市场的合作，实现大学、培训及科研机构、企业和市场在人才资源投入、开发与科技成果方面的有效对接，尽快提高中国制造业产业链各人才种群的技术水平及自主创新能力，促进中国制造业产业链实现从粗放式发展朝向集约式发展的转变（图6-4）。

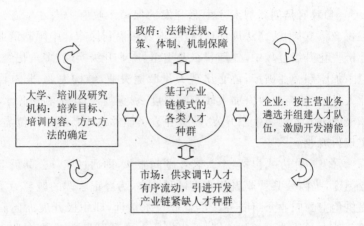

图 6-4　中国制造业产业链适配性人才生态开发外部要素协同网络

专栏 6-1　　高校人才培养定位与产学研合作教育的模式选择

一、加强产学研合作教育是国内外高等教育发展的必然趋势

（1）积极推进产学研合作教育、加强实践教学改革是增强当前高校社会适应性的内在需要。

中国工程院教育咨询项目组曾在《中国工程教育改革与发展咨询报告》中指出，中国工程教育当前存在一些主要问题，突出表现在：一是"在教育与经济、学校与企业的结合上，近年来不是越来越密切，而是越来越脱离"；二是"学校的工程训练和跨学科的课程设计已被大大削弱，使得学生分析与综合能力以及解决实际问题的能力有所下降"，"在教学内容与方法上，对于培养学生独立工作能力、综合能力、自学能力和创新能力远远不够"。

进入 21 世纪以来，教育、经济和科技互动加强，出现了一系列新的时代特征：科技转化为生产力的速度日益加快并即时产业化，成为新的经济增长点，知识经济正成为新世纪经济发展的主导；经济日益国际化、规模日益扩大化，国际国内市场逐渐融为一体，各国对市场的争夺更加激烈;资源环境受到严重挑战,全球资源日益紧张,生态环境加剧恶化。这对于人口多而资源相对不足的中国来说更是面临着前所未有的压力,其根本出路唯有实现经济增长方式由"粗放型"向"集约型"的转变,实行可持续发展的战略。这种转变又唯有变人口大国为人力资源大国,培育出大量的应用型高素质创新人才才可能成为现实。

这样,一方面是经济增长方式对应用型高素质创新人才的渴求,另一方面是高等教育所培养出的毕业生实践能力下降,创新意识与能力不强。两方面加在一起,使得高等教育大众化初期批量式生产的毕业生规格和质量与市场需求之间的矛盾进一步加剧和突出。这种矛盾促使高等教育必须从其体制内部出发,加强与深化实践教学改革,密切高等教育与社会经济之间的联系,切实提高大学生的实践能力和综合素质,增强高等教育及其人才培养的社会适应性。

(2)大力推进产学研合作教育是世界高等教育不断增强其社会适应性与针对性的改革与发展趋势对中国高等教育发展所提出的外在要求。

教育与经济的关系经历了一个否定之否定的历史发展进程。现代社会中的高等教育-科技-经济一体化发展,已成为不可分割的整体。经济界、企业界急需的是既懂高深理论知识,又具有很强的实践动手能力和分析问题、解决问题能力的毕业生。只有两者结合,才能更有效地既促进科技和生产的发展,又体现人才培养质量的提高。

美国著名的卡内基教学促进基金会在一份研究报告中指出:"大学—宗教团体的关系已成为历史的陈迹;大学—国家的关系也日益减少;展望未来,将产生最激动人心的管理方法——高等教育与企业的联系。"联合国教科文组织发表的(高等教育发展与变革的政策性文件)指出,高等教育在新的世纪必须以"针对性"对经济与社会发展做出相应的回应,"现在职业界变化很大,学生在较早的学习阶段所学的很大一部分专门知识很快就会过时,因此有必要与生产部门保持相互合作的关系,这一点应该纳入高等院校的总任务和活动中"。

紧接着,20 世纪 90 年代末联合国教科文组织在北京召开的面向 21 世纪教育国际研讨会的《圆桌会议报告》指出:"要想形成适应 21 世纪要求的学习,教育体制应不同于现在的模式。可能最重要的方面将是社会更多地参与学校,学校更多地参与社会。"世界高等教育的发展趋势已成为推动中国高等教育加强社会适应性改革的外部动力。

(3)大力推进产学研合作教育、加强实践教学改革正成为促进中国高等教育稳步发展、保证人才培养质量的教育政策取向。

早在 1999 年,中共中央、国务院颁布的《关于深化教育改革全面推进素质教育的决定》指出:"高等教育要重视培养大学生的创新能力、实践能力和创业精神……,加强产学研结合,大力推进高等学校和产业界以及科研院所的合作,鼓励有条件的高等学校建立科技企业,企业在高等学校建立研究机构,高等学校在企业建立实习基地。"2000 年,教育部颁布的《新世纪高等教育教学改革工程》(1 号文件)提出,要继续深化本科人才培养模式的改革,"将素质教育渗透到专业教育之中,使学生较早地参与科学研究和社会、生产实践,普遍提高大学生的人文素质、科学素质、创造精神和创业、实践能力"。2001 年,教育部在《关于加强高等学校本科教学工作提高教学质量的若干意见》(4 号文件)中提出:"要根据科技进步的要求,注重更新实验教学内容,提倡教学与科研课题相结合,创造条件使学生较早地参与科学研究和创新活动","要建立和完善校内外实习基地,高度重视毕业实习,提高毕业设计、毕业论文的质量"。2002 年,教育部吴启迪副部长在湖南永州召开的全国高职高专"产学研结合"经验交流会上强调:"'产学研结合'是高职教育发展的必由之路"。2006 年 6 月 13~15 日,教育部在北京举办"2006 中国高校—大型企业合作论坛",教育部副部长吴启迪在"人才培养分论坛"上强调:产学结合培养大学生的创新精神和实践能力是被国际高等教育实践证明了的一条成功经验。有社会责任感的企业家和企业应积极参与创新人才的培养,为大学生参与真实的科技创新和工程创新提供机会。同时,国家应出台相应政策,鼓励企业参与创新人才的培养。可以说,党和国家在新时期之所以把深化实践教学改革,大力推进产学研合作教育,并将其作为深化高等教育体制改革、探索高素质人才培养的一条重要途径和模式,是适应社会发展的时代潮流与要求,也是顺应世界高等教育发展趋势之举。

二、不同类型高校产学研合作教育模式选择的历史考察

产学研合作教育在20世纪初诞生以来,已历经百余年。经过百年实践和探索,人们最终都不约而同地把合作教育的核心理念与最终目标聚焦于全面发展学生的以实践创新能力和基本职业技能为基础的综合素质的发展上,但是具体的合作教育模式却因实施合作教育的高等学校的办学定位及人才培养规格而不同。也就是说,不同办学定位与人才培养目标的高等学校,其所选择的合作教育模式也不一样。

在美国产学研合作教育的模式主要有两类:一是以科研课题、科技攻关项目为中介的合作教育项目。这些合作教育项目主要有:政府设立的"国家科学基金"(NSF,National Science Foundation)所制定的合作计划课题和项目(如"大学工业合作研究计划"等);企业与大学合作创办研究中心,针对某一行业带有普遍性的技术问题所确立的课题(如美国四所一流研究型大学——加州大学伯克利分校、哈佛大学、麻省理工大学和斯坦福大学的合作研究中心是较为成功的范例);依托研究型大学科研与人才优势而创办的科技园与创新中心,作为高新技术成果的"孵化"基地,积极扶持大学创办各种高技术开发公司,加快大学高技术成果向产品转化过程;大学与企业共同进行课题、项目研究开发,课题大多由大学和企业共同提出,或由其中之一提出而由两者共同承担,研究成果一般都被企业直接应用于产品开发中。二是以具体的实习或工作项目为中介的合作教育模式。该模式的运作特点是,高校设立由项目协调人组成的合作教育部。对外,项目协调人代表学校与用人单位联系、谈判和签约,确立具体的合作教育项目;对内,他们是学生的顾问和辅导员,指导学生根据

个人的爱好特长、学校开设的专业和劳动力市场情况，选择专业，确定方向，安排学生外出实习。项目协调人有条不紊地安排学生的课堂教学和教学实习，解决学生在学习和工作中出现的各种实际问题，保证合作教育项目顺利进行。这种合作教育项目的形式和学制因地制宜，灵活多样，各具特色。学制有两年制、四年制、五年制，长短不一。

加拿大实行的合作教育模式有如下两种：一是高校与企业联合科技攻关的模式。如不列颠哥伦比亚大学（UBC）与温哥华的西港创新环保公司合作进行技术开发，创立了71家公司，吸引了6.34亿加元的外来投资，创造了1 500多个就业机会，培养了一大批了解企业情况、具有一定解决实际问题能力的毕业生；萨斯喀彻温大学在校园创立"创新科技园"，引入96家高科技公司，学校承担高科技公司委托的科研项目，安排学生到科技园的一些部门实习，聘请高科技公司的专家作为兼职教授，不定期地讲授一些课程或举办学术报告。二是高校、学生、企业三方合作，将学生的专业学习同实际工作相结合的模式。其基本做法是：学生在完成一定的专业学习以后，将他们安排到与其所学专业有关的公司、企业等进行有酬实习。学生从事实际工作的时间一般为专业学习时间的1/4。学校负责安排实习单位，负责跟踪检查学生的工作实习情况，用人单位负责对学生工作实习进行指导和评价。学生在与本专业有关的用人单位工作，获得了实际工作经验，为毕业后找工作奠定了基础，用人单位也因此能雇到优秀学生并在实际工作中考核、录用未来员工，从而减少为职员支付的培训费用。高校则可以通过加强与企业和社会的联系，了解社会对毕业生的需求情况，不断改进教学方法，吸引优秀生源，提高学校的知名度，增加办学经费，扩大办学规模和效益。典型的学校如滑铁卢大学和莫哈克社区学院。

英国产学研合作教育的主要模式也可归纳为两种：一是以科研课题项目为中介的合作教育。如由英国政府和工程研究委员会（SERE）、贸易和工业局、经济和社会委员会以及北爱尔兰经济发展

局联合资助研究基金设立了全国性的教学公司（Teaching Compa-
ny），合作教育通过由教学公司出面组织由高校和企事业界共同参
加的科技协作项目——教学公司项目（TCS）进行，通过让学生参与
项目管理与研究而锻炼和培养学生；EHE 计划项目，合作项目的范
围很宽，如兰开斯特大学的学生参加的项目有俄国革命中政治宣传
品的调查，一个建筑公司对建筑商供应的情况、与其他公司竞争情况
及对客房提供服务情况的调查等。项目时间可长可短，短则 20 天，
长则一年半载。项目管理上，充分发挥学生的自主性和独立性，学生
完成项目后，指导教师和雇主要对学生行为和成果做出评价。二是
以实习或工作项目为中介的合作教育模式，如"三明治"模式。

　　德国合作教育的模式也是分层进行的，主要有：一是强调工程实
践教学的工科大学型合作教育模式。如 1799 年成立的柏林工业大
学、1831 年建立的慕尼黑工科大学、1925 年建立的卡尔斯鲁尔尼大
学，其打破"洪堡思想"的束缚，主张多开设工程技术学科，要求各门
课程都要紧密联系工业生产实际，认为工科大学应当培养工业生产
所急需的工程技术人才。二是强调专业（职业）定向的职业学院型合
作教育模式。如成立于 1974 年的巴符州职业学院，是国家与企业、
社会团体合作培养高级技能型、应用型职业人才的新型高等学校。
其专业设置是以本地的经济社会发展需要为根据，首先由企业向学
院提出申请报告，学校进行调查分析后，向合作委员会提出报告，经
批准后才能设置。学院的教学坚持把专业理论学习与职业技术培训
紧密结合起来。1994 年德国科学评议会的评价是：职业学院毕业生
把专业知识与企业生产实践结合起来并加以应用的能力特别强。三
是强调就业定位的高等专科学校型合作教育模式。该类学校的任务
是培养某一领域或流通领域的专业技术人才，对学生进行职业技术
教育，培养他们独立从事职业活动的能力，为他们做好就业前职业技
术知识和技能方面的准备。这类学校的毕业生由于学到了工业、农
业、商业的各种实用技术，动手能力强，到用人单位以后不必接受职
业岗位培训就可以直接上岗，所以很受社会的欢迎。中等专科学校、

中等职业学校基本上也是实行这种模式。

三、以实践为定向,根据不同高校人才培养定位来选择产学研合作教育的模式

纵观欧美发达国家合作教育模式的具体实践,我们发现合作教育模式具有以下特点:

一是高等学校办学的指导思想与特色是影响合作教育的规模、效果、合作的体制、组织机构的重要因素。不同类型的大学,其教育理念与人才培养目标定位不同,从而所选择的合作教育模式也不相同。如果以大学的办学定位及人才培养目标为分类标准的话,合作教育模式大体上可以分为三个层级的模式:①研究型、综合型或主要以培养国内国际一流人才为目标的大学所选择的合作教育模式。如研究型大学一般选择科研课题为中介的合作教育模式,其主要目标在于通过科学研究和项目合作,培养学生的研究能力和大型项目的组织和管理能力,而且通常是在研究生阶段或本科高年级阶段使用。②一般性大学或主要以培养设计型应用人才为目标的大学所选择的合作教育模式。大学本科这一层次的多数高校都采用社会实践和生产实习模式,把合作教育直接纳入到教育教学计划做整体规划,作为培养学生专业实践能力与职业定向的重要策略与方法。③直接以培养操作性技术人才为目标的学校所选择的合作教育模式。这主要为职业学校与职业培训机构所采用,更多的是与企业共同培养专业技术人员,进行量身打造,直接与毕业后所要从事的职业挂钩。当然,不同层次的高校在进行产学研合作教育的具体实践中,主要是选择切合其办学定位与人才培养目标的具体模式,但往往是多模式并举,以全面发展学生的实践能力,提高学生的综合素质。

二是合作教育模式因作为合作中介或载体的具体内容不同而具有不同的模式。主要可以分为以下三类:①以科研和技术攻关项目为中介的合作教育模式。如美国的 NSF、研究中心、科技园及共同的课题项目、英国的 TCS 和欧盟的 COMET 计划、中国的“863”计划等。这种模式能否成功取决于大学的资源,即是否拥有众多的高水

平的师资、高素质的生源(尤其是优秀的博士生),藏书丰富的图书馆和装备先进的实验室以及充足的研究资金。研究型大学主要采用这种模式。②以社会实践和生产实习为中介的合作教育模式。这种模式一般是把合作教育项目纳入到高等学校统一的教学计划和教学大纲中,把合作教育作为提高教育质量的一种具体教育模式或教学方法、策略,以加强大学生实践能力的培养。这种模式有一种变式,把实习完全企业化与社会化,即工学交替的模式,学生直接顶替生产第一线的工作岗位,完全作为企业的一名工作人员进行一定时间的工作。如英国的"三明治"模式、美国安提亚克大学模式等。③直接以毕业后将要从事的某一职业的技能培养为中介的合作教育模式。这种模式一般是在以就业为基本取向的职业教育系列和专科学校实行,学生毕业后基本上就从事这一种职业,做到真正的"专业对口"。如德国职业、教育系列和高等专科学校所采取的模式。当然,在高校进行产学研合作教育的具体实践中,往往是以某一模式为主,而兼顾其他模式;某一模式也可能被不同层次的学校采用。

当然,这两种分法实际上只是分类的标准不同而已,其实质是一样的,即不同高校根据其定位而选择不同的合作教育模式。这样看来,高等学校在选择具体的合作教育模式作为学校加强其社会适应性的改革举措或特色时,就应该考虑学校的综合实力,特别是学校的办学定位以及人才的培养目标,即所培养的是属于哪一层次、哪一种规格的人才;同时还应该考虑即使是以合作教育所培养出的社会应用型人才,在当前经济与科技飞速发展的时代背景下也应该是一种以具有广泛迁移能力的基本知识与基本技能为基础的宽口径型人才,是具有广泛适应性的应用型人才。

资料来源:国务院发展研究中心信息网.2007-04-11.责任编辑:张春玲.作者:北京工业大学李庆丰,薛素铎,蒋毅坚.中国高教研究[J].2007(2)

第七章 中国制造业创新型人才生态开发影响因子及其评价

7.1 创新型人才生态开发维度

中国制造业创新型人才指服务于制造产业链,能生产出开拓性劳动成果的企业经营管理人才、工程技术人才、专业技能人才、产品研究开发人才、市场营销人才、物流人才以及信息技术人才等。它强调人才的创造性、贡献性和进步性,强调人才的服务对象与目标,强调人才服务的时效性以及开发途径等方面。

7.1.1 开发内容

人才开发指将人的智慧、知识、才干作为一种资源加以发掘,促进人才本身素质的提高并更加合理使用人才。中国制造业创新型人才的生态开发指从现有人才资源中培养发现有开拓性、有进取精神的专业技术人才、技能人才和管理人才等。这种人才的生态开发属于继续教育的范畴。其开发内容主要包括开发目标、开发主体和客体等。

1.开发目标

围绕中国制造业产业链对不同人才种群、不同人才层次的需求,识别发现和挑选具有一定专业知识、技术、技能以及拓展性强的潜人才和显人才进行培训、训练并配置到合适的岗位,通过激励,使他们充分发挥自身的才智,为企业生产出创造性成果,提高企业生产经营效益和市场竞争力,在创造性技术、知识和能力等能量的辐射下提高整个产业链的价值。

2.开发主体

人才资源的生态开发主体是多元化的,由个人、政府、企业和其他各类用人单位共同组成。但是,就中国制造业对高新技术迫切需求的状况来看,人才开发的主体必须是企业,企业必须转变用才理念,重视人才的职业生涯发展,重视人才的工资待遇、吃住问题、家属安置及子女上学等问题;同时,企业还应该为人才提供充分展示自己才智的发展空间,吸纳优秀人才进入管理决策层或按照人才对企业贡献的大小给予股权或企业利润分红的激励,让人才真正感觉到"回家"的感觉,感觉到对企业的责任,企业的发展就是人才自我的提高。政府只能为企业人才开发提供政策支撑,个人自身能力的开发应该以企业对个人能力的需求为出发点,积极主动地提升自我能力,以适应企业发展的需求。

3.开发客体

中国制造业对不同人才种群在高新技术能力及素质方面的需求决定了人才开发的对象,即掌握有高新技术的产品研发人才、工程技术人才、高技能人才、企业管理人才、市场营销人才、物流人才及信息技术人才是中国制造业创新型人才开发的重点对象。高新技术主要包括电子信息、先进制造、新材料、新能源与高效节能、生物医药和医疗器材、环境保护及农业等领域的技术。中国制造业转型升级的目标是现代服务制造业,其主要特征是:充分应用和吸收当今世界先进制造技术和先进信息技术,制造业与服务业既分工又融合;建立与当今世界先进制造技术和先进信息技术相适应的生产模式和企业组织形式以及与全球化相适应的资源配置方式;以产业链为轴心,利用先进信息技术改造并集成企业业务流程,形成企业产业链为基础的产业链分工协作的生产经营模式。制造业产业链上的人才种群,先进信息技术是必须掌握的通用技术。如在产业链上游的设计层面上,通过应用先进信息技术,可以从开始就设计出一套整合供应商关系、生产过程、经营过程、顾客关系以及产品使用和最终处理的方法;

产业链中游的生产制造层面上，先进信息技术可以使企业在不增加成本情况下，改进产品质量并提高产品快速响应市场的能力，并由此衍生出准时制、精益生产、计算机集成制造系统、敏捷制造、虚拟制造与虚拟企业等新型制造模式。在产业链下游的营销层面上，应用先进信息技术能够适应市场的个性化需求，提供个性化的服务，并且能够得到快速响应，提高客户满意度，从而提高产品和服务的价值。高新技术其他与制造产业链相关领域的内容，产业链上人才种群必须根据企业需要，接受不同程度的培训。

7.1.2 开发途径

人才生态开发是人力资本的投入过程，是指运用现代化的科学方法，对人才进行合理的培训，提高其能力，激发其活力。人才生态开发包括人才数量与质量的开发，其开发途径包括人才个人开发、学校培养性开发、用人单位使用性开发以及政府政策性开发。中国制造业产业链适配性人才的生态开发主要是用人单位，特别是企业使用性开发和政府在制造业产业政策方面的开发。

1.使用性开发

企业人才使用性开发可以从两个方面入手：一是内部开发；二是外部引进开发。不论哪个方面的开发，企业都必须做好岗位分析及设置工作，岗位分析工作指企业根据自身发展战略和战略目标，确立主要业务，再围绕主要业务按照层级和专业不同设计岗位，岗位与岗位之间在权责和业务范围既相互区别又相互关联。根据岗位设置，实行"人岗匹配"。岗位设置是内部开发和外部引进的基础，内部开发企业可以自己培训，或与职业院校或高等学府联合，采用"订单制"，或内部"师徒制"或内部轮岗；同时，内部开发还包括内部管理开发，如实行职业生涯规划管理，激发员工的事业心，以事业培养人，以事业留人；设计富于激励性和竞争性的薪酬福利及奖励制度，从经济利益方面激发人才的工作积极性，以提高企业的经营效率；设立合理有效的知识产权保护制度，激励人才的创新欲望，等等，这些措施都是企业内部开发的具体办法。企业外部人才的引进主要指企业紧缺的人才,短期内无法通过内部开发满足岗位需求,则可以在人才市场招聘或引进。

2.政府政策性开发

为提高制造业产业链的高新技术含量,以实现制造业产业链的转型与升级。政府对制造业的产业政策是鼓励发展高新技术产业,如新能源、新材料及现代信息技术等,这些新兴领域尽管有广阔的发展前景,但是其经济收入在人才市场上目前不一定很高,因此,政府应该在就业政策或这些领域人才创业上或对开发这些领域人才的企业出台各种优惠政策,鼓励人才流向这些产业和国家急需的行业。

专栏 7-1　　　开发创新型人才需打破产学研人事体制壁垒

如何有效促使创新型人才的涌现,是"十二五"发展的关键命题,也是全社会的共同责任。事实上,创新型人才是一个综合培养和造就的过程,如果说学校的课堂教育是一次开发的话,那么创新型人才的塑造更需要二次开发,那就是创新实践的培养。

因此,开发创新型人才,既要把握科技创新的内在特征,更要遵循创新型人才的成长规律,在开发模式设计上要有机衔接,既要发挥原有的体制优势和组织优势,更要正视并克服体制缺陷,构建全社会合力推进创新型人才的开发模式。

国际经验表明,创新型人才的有效开发是一种有系统、有规模的社会整体行为,几乎所有国际知名的创新型人才集聚区都是以企业为主体,并围绕大学和科研院所而形成的,走的是人才、科技和产业相结合的路子。一流研究型大学不仅帮助当地形成一个领先的研发集群,产生众多可转化的科研成果,而且源源不断输出创新创业人才和团队。如麻省理工学院等一流大学支撑了128号公路两侧林地的高技术工业园区,带动了当地经济的迅猛发展。从这个意义上说,创新型人才开发必须放置到教育、科技、产业相结合的大循环中来考虑,实现以企业和产业为核心的人才资源整合,形成创新人才与主导产业相交融的良好生态。

首先,应打破政府部门各自垂直管理、政出多门、资源分散的体制壁垒,形成创新型人才开发的工作合力。以日本为例,日本采取的是科技立国战略,作为该国科技政策智慧库的"综合科学技术会议"的地位高于政府其他部门,能够对科技政策进行统筹考虑,避免各自为政。因此,要理顺政府内部人力资源、教育、科技、财政等各职能部门的关系,突出人才政策与科技政策、经济政策的结合,实现人才培养、科技攻坚和产业发展的统筹安排,避免多头管理、九龙治水。同时,政府应坚持有所为、有所不为,突出重点,关注重点行业、高端领域、优势产业的创新型人才开发。打造人才培训和科技资源公共服务平台,构建创新投入、技术研发、人才资源开发、信息服务、知识产权服务、人才保障服务等高效共享的服务体系,为创新活动和创新型人才培养提供技术支撑、培养载体和服务保障。

其次,建立政府、高校、科研机构、企业、投融资机构等的会商机制,促进各相关创新主体协调、协商和联合行动,真正使创新型人才的开发和使用成为一种具有社会整体性的系统行为。通过会商,汇聚目标,统筹资源,培育具有显著竞争优势的产学研联盟,构建符合产业发展方向的大科研机制。充分发挥政府统筹和引导作用,打破条块分割,拆除地区之间、部门之间、产学研等之间的藩篱,使各创新主体联系更加紧密。尤其要力促创新要素向企业集聚,以减免税等鼓励形式,挑选信誉高、责任感强、有竞争力的企业,与高校、研发机构等建立一批创新型人才培养基地,鼓励和促进高校与企业从自发、松散式的合作,逐步发展成为政府引导下校企优势互补、资源共享、相互促进的有序合作,结合产业布局和功能定位,构建以企业为主体、市场为导向、产学研结合的创新型人才培养机制,积极为相关人才参与真实的科技创新和工程创新提供平台。培养基地要从形式合作走向实质性合作,大力拓展基地功能、丰富基地内涵,分门别类制定规范的基地管理实施办法,明确提出政府部门、企业、高校、科研院所等在产学研合作中的职责和评价标准,规范各主体的行为,激发校企紧密合作,促进创新型人才开发的内在动力。

第三,促进人才工程与项目工程的有机交融,使重大项目成为创新型人才开发机制创新的有效载体。要加快组织实施重大科技专项,瞄准产业高端,聚焦若干科技含量高、产业关联度大、发展前景广阔的高端项目,并与培育战略性新兴产业相结合,加大公共财政对战略高技术研究领域的扶持力度,形成项目、人才、资本、政策四位一体的互动机制。如以新能源、新材料、生物医药等领域中的重点项目为载体,打造高层次的岗位和舞台,完善项目投资体系和结构,促使优势资源向关键项目和关键人才集中,实行专项评估申领、专项监督运行、专项审计验收制度,并在人才团队建设、财力配置、设备使用、项目经费分配等方面给予充分的自主权。在项目考核验收的同时,做好人才考核评价工作,结项时一并提交项目验收报告和人才评估报告,真正使项目工程成为人才筛选工程、培育工程、激励工程,使之成为集聚人才的强磁场,真正形成创新型人才的集群效应,并以集群效应催生更多的创新型人才。

特别需要指出的是,要推动创新型人才开发模式的有效运转,关键是打破产学研之间人事体制壁垒,制定产学研之间人才柔性流动的激励政策,引导和规范高校、研究机构和企业等社会各界的联聘、互聘和兼职,推进教师、研发人员、工程师来源多样化改革,建立灵活、开放的教师、工程技术人员聘任体系。

在一些发达国家,在产业界和学术界之间的"双栖"研究人员和教师比比皆是。欧美发达国家研究型大学主要是通过向企业转让专利和鼓励教师到企业兼职,来实现科技成果转化为生产力的。因此,要制定和完善有利于人才向企业汇聚的政策,尽快建立机关、事业单位和企业之间基本平衡的人才保障机制,给予在高校、科研院所等事业单位与企业之间流动的人员,在职务聘任、工资福利等方面无障碍地转聘和衔接,制定社保基金随被保人流转的办法,消除人才在企事业之间、公有制和非公有制之间流动的障碍,引导创新型人才向重点行业、关键领域和生产一线流动集聚。

　　资料来源：www. xinmin. cn. 2011 - 04 - 01. 转载于人民网. 作者：张子良

7.2　创新型人才生态开发影响因子及其评价

　　中国制造业创新型人才生态开发的影响因素众多，如薪酬、激励机制、事业平台等，这些因素牵涉到对人才的投入问题、投入对象、投入水平以及投入比例等，都会影响人才生态开发的效率和效果。因此，如何评价这些影响因子在充分发挥创新型人才生态开发中的相对重要性并为创新型人才生态开发体系运行机制及运行规律研究提供科学的定量依据是下面章节要重点解决的问题。

　　考虑到中国制造业创新型人才生态开发的重点，在于如何通过企业激励措施和政府相关保障措施激发人才创造性工作，为企业多做贡献、做好贡献，因此，本章研究中国制造业创新型人才生态开发的影响因子直接从研究影响创新型人才创新绩效的影响因素入手。同时，影响人才创新绩效的因素涉及人才能力、企业任用人才时的措施以及政府政策等多方面，这些方面因素共同构成了影响人才创造性活动的主动性和积极性因子体系，是一个复杂的定性的多要素系统。为了使该系统研究的结论具有科学性，并能反映各个因素的相对重要性，本章采用 FAHP 法对这些因素展开研究。

　　FAHP(Fuzzy Analytical Hierarchy Process)，即模糊层次分析法，是一种简便、灵活而又实用的多准则决策方法，通过编程实现建模，它能够很好地解决在多因素选择中定性与定量方面的问题，同时能够避免因矩阵一致性困难导致所建立的矩阵与人的思维存在的差异问题，它在定性和模糊性问题解决方面具有较好的应用前景。采用 FAHP 方法，既可以综合评价定性和模糊性问题的各项指标，又可以利用评价模型挑选最优指标。考虑到制造业产业链创新型人才开发影响因素多，属于多因素定性研究问题，下面采用 FAHP 方法对这些因素进行分析。

7.2.1 创新型人才生态开发影响因子指标体系建立

创新型人才绩效影响因子是个复杂的体系,反映其水平、影响其变化的因素比较多,为了客观、全面、准确地对创新型人才绩效影响因子进行评价,必须筛选出能够多角度全方位地反映绩效影响因子的评价指标,构造出多指标层次结构,反映各指标之间的层级关系。因此,在定性分析创新型人才绩效影响因子基础上,建立如下的评价指标体系及层次结构(图 7 - 1)。

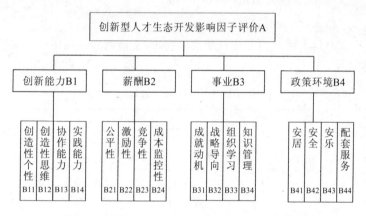

图 7-1 创新型人才生态开发影响因子指标体系

(1)最高层:创新绩效影响因子评价即目标层。

(2)中间层:与评价相关的绩效影响因子,即准则或因素层,从创新能力、薪酬、事业和政策环境四个方面反映。

(3)最低层:方案或对象层,分别从创造性个性、创造性思维、协作能力、实践能力,公平性、激励性、竞争性和成本监控性,成就动机、战略导向(组织战略使命、个人追求及两者的一致性)、组织学习(组织员工发现、分析和解决问题能力,涵盖组织内部及其所在市场各类问题)和知识管理(显性知识如以纸质或电子形式存在的组织必需的资料、隐性知识如人力资本)、安居(租购房)、安全(创新成功如知识产权与创新失败后的管理)、安乐(子女及配偶安置)和配套服务(政府职能部门服务)等方面分析。

7.2.2 创新型人才生态开发影响因子评价

创新型人才生态开发影响因子评价是一个复杂的多目标决策问题。考虑到影响因子的模糊性、不确定性和多维性,下面采用模糊层次分析法(FAHP)①对绩效影响因子展开研究。

1.模糊层次分析法(FAHP)步骤

(1)构建层次结构模型。

(2)得出两两因素比较的隶属度,构造模糊一致性矩阵。取值参照表7-1。

表7-1　0.1~0.9数量标度

标度	定　义	说　明
0.5	同等重要	两元素相比较,同等重要
0.6	稍微重要	两元素相比较,一元素比另一元素稍微重要
0.7	明显重要	两元素相比较,一元素比另一元素明显重要
0.8	重要得多	两元素相比较,一元素比另一元素重要得多
0.9	极端重要	两元素相比较,一元素比另一元素极端重要
0.1,0.2, 0.3,0.4	反比较	若元素 a_i 与元素 a_j 相比较得到判断 r_{ij},则元素 a_j 与元素 a_i 相比较得到的判断为 $r_{ji}=1-r_{ij}$

---

① 张吉军.模糊一致判断矩阵三种排序方法的比较研究[J].系统工程与电子技术,2003,25(11):1370-1372

（3）层次单排序。根据模糊一致判断矩阵按行求和归一化法，可求得各层元素的权重值 W_i。

$$W_i = \frac{2}{n^2}\sum_{k=1}^{n}r_{ik}, \quad i = 1,2,\cdots,n$$

其中，n 为模糊一致判断矩阵 R 的阶数。

（4）层次总排序。

$$W_{总} = (W_{B1} \quad W_{B2} \quad W_{B3} \quad W_{B4}) \times W_A$$

（5）模糊一致判断矩阵 R 具有下列性质。

元素 $B_{ii} = 0.5, \quad i = 1,2,\cdots,n$;

$B_{ij} = 1 - B_{ji}, \quad i,j = 1,2,\cdots,n$;

$B_{ij} = B_{ik} - B_{jk} + 0.5, \quad i,j,k = 1,2,\cdots,n$

2. 创新型人才生态开发影响因子评价

（1）用 FAHP 求解评价指标的权重。根据图 7-1 层次结构模型，并参照对各因素的定性分析，两两比较各指标的相对重要性，构造模型的模糊一致性矩阵（表 7-2），然后进行单排序。

表 7-2 创新型人才生态开发影响因子各准则之间的模糊一致性矩阵 R 及求解结果

层次 A	B1	B2	B3	B4	W
B1	0.5	0.7	0.55	0.6	0.293 75
B2	0.3	0.5	0.35	0.4	0.193 75
B3	0.45	0.65	0.5	0.55	0.268 75
B4	0.4	0.6	0.45	0.5	0.243 75

由表 7-2 可知：矩阵 R 符合模糊一致判断矩阵的性质。

准则层各指标之间的相对权重分别是：0.293 75，0.193 75，0.268 75，0.243 75，其含义就是：创新能力、薪酬、事业和政策环境各准则相对重要性的优先级排序为：创新能力、事业、政策环境和薪酬。

(2)用同样的方法计算各子准则层指标之间的相对权重,参见表7-3~表7-6。

表7-3　准则 B1 的模糊一致性矩阵及求解结果

层次 B1	B11	B12	B13	B14	W
B11	0.5	0.45	0.55	0.6	0.262 5
B12	0.55	0.5	0.6	0.65	0.287 5
B13	0.45	0.4	0.5	0.55	0.237 5
B14	0.4	0.35	0.45	0.5	0.212 5

由表7-3可知,子准则层 B1 各指标之间的相对权重分别为:0.2625,0.2875,0.2375,0.2125,其含义就是:B1 各指标相对重要性的优先级排序为:创造性思维、创造性个性、协作能力和实践能力。

表7-4　准则 B2 的模糊一致性矩阵及求解结果

层次 B2	B21	B22	B23	B24	W
B21	0.5	0.65	0.7	0.75	0.325
B22	0.35	0.5	0.55	0.60	0.25
B23	0.3	0.45	0.5	0.55	0.225
B24	0.25	0.4	0.45	0.5	0.2

由表7-4可知,子准则层 B2 各指标之间的相对权重分别为:0.325,0.25,0.225,0.2,其含义就是:B2 各指标相对重要性的优先级排序为:公平性、竞争性、激励性和成本监控性。

表 7 - 5   准则 B3 的模糊一致性矩阵及求解结果

层次 B3	B31	B32	B33	B34	W
B31	0.5	0.55	0.65	0.75	0.306 3
B32	0.45	0.5	0.6	0.7	0.281 3
B33	0.35	0.4	0.5	0.6	0.231 3
B34	0.25	0.3	0.4	0.5	0.181 3

由表 7 - 5 可知,子准则层 B3 各指标之间的相对权重分别为:0.3063,0.2813,0.2313,0.1813,其含义就是:B3 各指标相对重要性的优先级排序为:成就动机、战略导向、组织学习和知识管理。

表 7 - 6   准则 B4 的模糊一致性矩阵及求解结果

层次 B4	B41	B42	B43	B44	W
B41	0.5	0.6	0.65	0.7	0.306 3
B42	0.4	0.5	0.55	0.6	0.256 3
B43	0.35	0.45	0.5	0.55	0.231 3
B44	0.3	0.4	0.45	0.5	0.206 3

由表 7 - 6 可知,子准则层 B4 各指标之间的相对权重分别为:0.3063,0.2563,0.2313,0.2063,其含义就是:B4 各指标相对重要性的优先级排序为:安居、安全、安乐和政府与组织职能部门配套服务。

由表 7 - 7 可知,准则层 B_i 各层总排序的相对权重分别为:0.2971,0.2710,0.2319,0.2002,其含义就是:综合考虑准则层和子准则层各层指标权重后,B_i 各指标相对重要性的优先级排序为:创新能力、薪酬、事业和政策环境。

表 7 - 7　层次总排序

层次	B1	B2	B3	B4	总排序权重 $W_总$
	0.293 75	0.193 75	0.268 75	0.243 75	
B1	0.262 5	0.325	0.306 3	0.306 3	0.297 1
B2	0.287 5	0.25	0.281 3	0.256 3	0.271 0
B3	0.237 5	0.225	0.231 3	0.231 3	0.231 9
B4	0.212 5	0.2	0.181 3	0.206 3	0.200 2

7.3　创新型人才生态开发影响因子评价结论

本书通过模糊层次分析法不仅综合评价了创新型人才生态开发影响因子在人才绩效产出中的相对重要性,而且为创新型人才队伍建设的投入提供了定量的参考依据,即创新能力的比重为0.2971、薪酬为0.2710、事业为0.2319、政策环境为0.2002。

企业或相关部门制定创新型人才投入决策时,创新能力的提升应该放在投入的首要地位,创新能力既包括个体创新能力,又包括创新团队的整体创新能力,整体创新能力并不等于个体创新能力之和,它取决于各个个体之间的协同效应,正的协同效应则会使整体创新能力提高;负的协同效应则降低整体的创新能力,因此,创新能力投入决策还必须整体权衡,协调好个体与整体创新能力之间的关系。

其次,薪酬的投入对创新型人才生态开发绩效产出的影响仅次于创新能力,因为薪酬作为劳动力生产和再生产必要的保障手段,是创新型人才能够工作、乐意工作以及做好工作的前提,薪酬投入的不恰当直接导致人才的不满意,进而伤害人才工作的积极性,创新是需要热情的,没有积极性的工作又如何具有创造性呢?

事业在创新型人才生态开发影响因子中排名第三,这是符合马斯洛需求层次理论观点的,事业与薪酬比较,属于更高层次的需求,即自我实现的需求,一般只有在低一级层次的需求得到满足后,才会产生高层次的需求。就当前中国企业员工的收入状况分析,大部分员工对提高薪酬水平的要求高于对事业追求的要求,而且需求层次也存在一定差异性。因此,制定创新型人才开发投入决策时必须充分了解不同层次人才的个人需求,协调个体自我发展目标与创新团队的整体目标,实行差异化投入,以便更大程度地发挥资源投入的有效性。

政策环境对创新型人才生态开发中绩效提升的作用不可轻视,人才的创新能力只有在充分的激励政策下才能得到最大限度的发挥。

专栏 7 - 2　　　　　**创新型人才激励机制构建策略**

现代企业参与市场竞争的主体是稀缺的智力资源,即人力资本,也就是高素质的“创新型”人才,他们主要从事创新性脑力劳动。如何利用激励这一管理手段最大限度地发挥创新型人才的作用,使人尽其才、才尽其用、用见其效,已成为企业人力资源管理的重心和现代企业可持续发展的一个核心命题。

一、创新型人才激励因素分析

要对创新型人才进行有效激励,关键在于把握创新型员工的激励因素,即组织中的什么样的报酬、条件和环境能够对创新型员工形成有效的激励。根据国内外实证统计分析的结果,归纳出了创新型员工的主要激励因素如下。

1. 工资报酬与奖励

获得一份与自己贡献相称的报酬,并且使自己能够分享到自己所创造的财富。这种奖励制度既要适合公司的发展又要与个体的业绩相挂钩。

2. 个人的成长与发展

存在使个人能够认识到自己潜能的机会,它证实了这样一个假设前提:创新型员工对知识、个体和事业的成长有着不断的追求。

3. 公司的前途

知识型员工既看重金钱财富和个人能力的发挥等要素,也看重公司的发展前景。这说明公司的发展与知识型员工的个人成长是休戚相关的。

4. 有挑战性的工作

知识型员工希望承担具有适度冒险性和挑战性的工作,因为这是对他们个人能力的一种检验和考量,是体现出他们突出于常人的佐证。

5. 其他激励因素

晋升机会,有水平的领导,工作的保障性与稳定性等。

在激励重点上,企业对创新型员工的激励不再以金钱刺激为主,而是发展到成就和成长以及物质激励相结合的综合激励模式;在激励的方式方法上,现代企业强调的是个人激励、团队激励和组织激励的有机结合;在激励时间效应上,把对知识型员工的短期激励和长期激励结合起来,强调激励手段对员工的长期正效应。

二、创新型人才激励机制策略

思考企业要建立成功有效的创新型人才激励机制,应当从报酬激励、文化激励、组织激励、工作激励四个方面着手。

1. 报酬激励

侧重产业链管理,运用多种价值分配形式满足员工的混合式需求,建立面向未来的人力资源投资机制。在报酬激励机制设计上,当今企业已经突破了原先的事后奖酬的范式,转变为从价值创造、价值评价、价值分配的事前、事中、事后三个环节出发设计奖酬机制,侧重产业链的循环和优化。其中价值创造首先进行价值创造要素的分析,肯定知识在组织价值创造的核心地位,承认知识型员工在企业价值创造中的主导作用;价值评价要遵循2:8规律,承认20%的核心员工创造80%的企业价值,针对单个员工价值评价问题,应建立起知识型员工的关键业绩指标(KPI)体系和任职资格标准;价值分配则根据2:8原则,价值分配充分向创新型员工倾斜,同时为创新型员工提供多元的价值分配形式,包括职权的分配、机会的分配、工资的分配、奖金的分配、福利的分配、股权的分配,等等,满足知识型员工的综合需求,具体做法如下。

一是用拉开档次的方法将同样的总工资水平制造出最高工资来,并且高报酬者是不断变化的。二是员工的薪资在内部具有公平性,外部具有竞争性。如果某企业创新型人才的报酬高于外部平均水平,将会对员工产生激励作用,促使员工更好地进行工作,提高工作效率。另外,报酬水平较高可以稳定员工,降低员工流失率;同时还可以吸引更多的优秀人才申请加入。内部公平就是企业内部同层次或不同层次的创新型人才报酬相比较而论的。如果企业内部报酬缺乏公平性,将造成优秀人才的流失和其他人的不满,对提高企业业绩将产生副激励作用。三是实行福利沉淀制度,留住人才。如国内某集团实行年薪沉淀制度,该集团的经理年薪从15万元到50万元不等。经理的年薪要分成四块,当年只能拿走30%,其余的70%沉淀下来,五年之后兑付。如果有人提前离开,他的沉淀工资是不能全部拿走的。五是管理层应把握住企业创新的原动力,采取国际通行的技术入股、利润提成等措施,通过公平的分配体制,实现个人利益与企业利益的高度一致,使员工感觉到:有创造力就有回报。只有分配关系理顺了,员工才会把精力集中在工作上,发挥创造性和主动性,真正实现个人与企业的共同发展。

2.文化激励

自主与协作并存,以劳动契约和心理契约作为调节创新型员工与企业之间的纽带,造就学习型组织。必须培育和保持一种自主与协作并存的企业文化,提高员工的活力和企业的凝聚力,"强化人力资源管理体系的综合运作能力，使得企业既能尊重个性，又能团结协作，努力培育和创造出一种强烈的、长期服务意愿的合作型企业文化"。

这种企业文化设计的关键点在于：一是要求企业从理念上树立人高于一切的价值观念，明确认识到知识型员工是企业最重要的资源，他们不仅值得信任，而且需要被尊重和公平对待；二是企业在竞争淘汰的基础上，为创新型员工提供公平合理的报酬水平，通过持续性的开发和培训活动，实现人力资本增值目标优先于财务资本增值目标；三是要求企业能够为创新型员工提供企业与员工进行双向沟通的渠道，加强横向的信息传递和采取双向的决策机制来提高知识型员工参与管理的程度，并为知识型员工的发展提供有一个健康和谐的工作环境和自主创新、团队的企业文化氛围。

较之其他员工，创新型员工具有高智力、高学历的特点，他们有强烈的成就动机和多层次的需求，不仅希望提高生活待遇，改善工作条件，而且更希望获得理解和尊重，希望事业有成。因此，企业要把"以人为本"的理念落实到各项具体工作中，在职业目标、事业发展、工薪报酬、精神奖励、教育培训等方面，切实体现对员工价值的重视，努力营造宽松、自由、兼收并蓄、鼓励个性发展和创新的文化氛围，激发员工对企业的忠诚度和归属感。同时由于当今时代，市场竞争十分激烈，市场机会转瞬即逝，企业必须具备快速的反应能力，能针对复杂多变的外部环境果断决策，迅速采取行动。而任何人都不能保证自己在高速度、高强度对抗中所采取的创新行为有百分之百的成功率，这就要求企业建立一种"允许失败"的企业文化，形成一种甘冒风险、锐意创新的风气。这样不仅给员工创造了敢于创新、勇于创新的环境，而且有利于培养员工的凝聚力，发挥员工的聪明才智，为企业做出创造性贡献。

3. 组织激励

围绕创新型员工对工作自主性的要求，现代企业更加重视发挥员工在工作自主和创新方面的授权。企业迎接高品质、快捷服务和所有顾客都满意的挑战的最好的办法是,通过激励员工的联合与协作努力,团队工作的概念代表了组织工作方式的最基本变化。

创新型人才是最稀缺的资源,如何合理利用并发挥最大效用,是一个值得关注的问题。创新型人才更在意自身价值的实现,并不满足于被动地完成一般性事务,而是尽力追求适合自身的有挑战性的工作。这种心理上的成就欲、满足感也正是事业上的激励。企业应尽可能为员工提供实现自我的环境与机会。企业可以采用工作轮换方式,内部公开招募制度,让专业人员接受多方面的锻炼,培养跨专业解决问题的能力,并发现最适合自己发展的工作岗位。

重视员工的个体成长和职业生涯设计。企业对待创新型员工不能"只使用、不培训","只管理、不开发"。没有以企业为主导的培训与开发,将使创新型人才的知识迅速老化,智力储备很快枯竭。而在创新性人才从优秀走向平庸的同时,企业也丧失了发展后劲,最终无法摆脱被市场淘汰的命运。知识更新的动态性也决定了企业应该特别重视对现有人才的培训和开发,使他们的技术和知识的更新速度走在行业前列,以长期保持企业的人才优势,进而形成并保持企业的整体竞争优势。

马斯洛的需要层次理论、赫茨伯格的双因素理论、麦克利兰的成就需要理论等都认为人的需要有多种层次,激励员工就是要找出他们的特殊需要,并尽力为他们创造多种渠道的成才道路,达到激发员工积极性的效果。企业应重视创新性人才职业生涯设计,充分了解员工的个人需求和职业发展意愿,为其提供适合其要求的上升道路,使员工的个人发展与企业的可持续发展得到最佳的结合,员工才有动力为企业尽心尽力地贡献自己的力量,与企业结成长期合作、荣辱与共的伙伴关系。因此,企业应注重对员工的人力资本投资,健全人才培养机制,为员工提供受教育和不断提高自身技能的学习机会,从而具备一种终身就业的能力。

转变领导作风,加强民主管理。由于受传统思想影响,加上领导任命方面的制度性缺陷,企业领导从某种程度上讲存在官本位思想和官僚主义的陋习。这样易使员工产生消极态度和对抗情绪,不利于人才潜能的发挥。创新型人才是企业智力资本的拥有者,这就决定了企业领导不能简单地把他们视为被领导者、被雇佣者;而应转变领导观念,通过合理授权,实施民主管理,与员工共进退。

4. 工作激励

随着网络技术变化、全球化、组织变革的兴起,现代企业员工的工作性质开始变得模糊起来。工作的范围变得更加宽泛:工作更多是以工作团队、项目组的方式开展,工作的业绩在很大程度上取决于项目组成员对知识的创造、传播和应用所做的贡献以及他们之间的相互协调与合作关系。因此,创造有意义的工作,加强工作本身对创新型员工的内在激励也是企业人力资源管理实践所关注的另一个重要问题。因此,工作规划、绩效评估、工作的职责范围、工作的业务流程都要进行相应的调整,新型的人力资源管理模式应该体现出工作定义上的转变。工作的设定应更多地体现出"反应型组织"的色彩:创新型员工要求工作更具有挑战性、独立性、多样化和技术性;以增强自主性、独立性、权力、责任的新型工作开始为创新型员工所青睐;工作丰富化、工作扩大化、以员工为中心的工作再设计,可供选择的工作时间。

许多企业的实践证明,市场竞争不单纯是财力、物力的竞争,更重要的是创新型人才的竞争。企业要吸引和留住人才,就需要在激励创新型员工的过程中拓展思路。不仅要给予他们与贡献相对称的报酬,还要从加强精神激励、创造培训机会等方面进行多维化的激励,培养员工的组织归属感,激发员工的工作热情和创新精神,使企业在市场竞争中立于不败之地。

资料来源:烟草在线(TobaccoChina).作者:河南省许昌卷烟厂发展策划部朱俊敬.更新日期:2007-08-29

第八章 中国制造业创新型人才生态开发体系及其运行机制

8.1 创新型人才生态开发体系

根据前面各章节对中国制造业创新型人才生态开发系统各部分、各要素及其关联性的研究,本书认为,中国制造业创新型人才生态开发体系是指建立在人才具有生态系统特性基础上的由相互关联的不同子系统的开发构成的框架结构。它涉及人才个体、人才种群以及个体与种群生存与成长的环境等要素,这些要素共同构成了人才生态开发系统。人才生态开发系统指以人才知识、技能、能力、劳动成果、经验和教训等为纽带形成的在工作上相互衔接、信息上相互传递、知识上相互渗透、能力上相互传承的人才队伍,整个系统的运行必须遵循人才个体运行规律、人才种群内部循环规律及外部运行规律,以达到人才个体与人才群体在知识、信息和能力等能量转换中的生态平衡,最终实现个体与群体整体工作效率的提升。该系统的开发具有自适应性、转换性、共生互利性以及系统运行的开放性等生态特性。人才的生态开发体系包括个体人才开发、人才种群生态开发和人才生态开发外部服务要素三个子系统(图 8-1)。

8.2 创新型人才生态开发体系运行机制

根据《辞海》解释,"机制"指"机器的构造和工作原理",如计算机机制;又指"有机体的构造、功能及其相互关系",如分娩机制。现已广泛应用于自然现象和社会现象,指其内部组织和运行变化的规律。

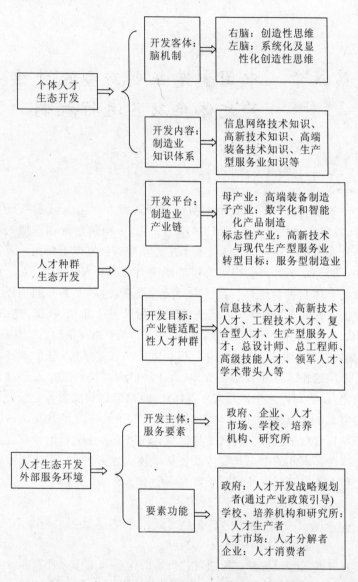

图 8-1　中国制造业创新型人才生态开发体系构成

"机制"的存在必须具备两个条件:一是事物各个部分的存在,事物各部分的存在是形成"机制"的前提条件;二是事物各部分职能不同,但联系密切,事物的良性运转有赖于各部分的有机运行。这样,要使事物良性发展必须建立一定的运作方式把事物各部分联系起来,使各部分既能协调运行,又能有效发挥各自作用。对有机体来说,"机制"是在长期的自然演变过程中逐步形成,并且具有遗传性;对社会组织来说,其机制体系则需要通过体制和制度规范组织行为才能建立。这里"体制"指组织的职能及岗位权责的配置与调整;"制度"则指国家和地方的法律法规及组织内部的规章制度。体制和制度的建立是一个组织机制建立的保障。

　　人才生态开发体系是涉及人才个体、人才种群及人才生态开发外部环境各要素等部分的复杂系统,其复杂性主要体现在该系统不但涉及中国制造业各制造企业,而且涉及制造产业以及与产业转型升级发展重点相适应的人才。"人才"作为自然进化与社会发展双重作用的产物,在不同时空范围内其内容差异很大。晋代葛洪《抱朴子·广譬》中的"人才无定珍,器用无常道",这里"人才"指人的才能;宋代王安石《上仁宗皇帝言事书》"则天下之人才,不胜用矣"中的"人才"指有才学的人;中共中央、国务院 2010 年 6 月 6 日印发《国家中长期人才发展规划纲要(2010—2020 年)》中的"人才"则指"具有一定的专业知识或专门技能,进行创造性劳动并对社会做出贡献的人,是人力资源中能力和素质较高的劳动者"。具体到中国制造业转型期,人才应该指具有一定的专业知识或专门技能,能够胜任岗位职责要求,进行创造性劳动并对企业发展做出贡献的人,是人力资源中能力和素质较高的员工。这一复杂系统中,产业、企业和个人属于不同的利益主体,转型升级是制造业的产业目标,利润最大化是产业中各企业的最终目标追求,寻求个人发展及个人经济利益最大化是个人目标追求,这些主体的目标及追求有联系,但也不乏冲突。如何协调不同利益体的目标利益和追求,使这一复杂系统能有序高效运转,重点要解决的是使人才个人、企业和制造业产业中各要素按什么方式运行的问题,即运行机制问题。而且对这一复杂系统的运行机制来说,由于系统涵盖范围广,牵涉的要素多,无法由某一机制实现不同利益主体的不同目标,因此,必须建立一套完整的机制体系,共同实现各主体的不同利益。根据中国制造业对人才创造性劳动需求、人才创新积极性和主动性需要激发及企业是人才开发主体等状况,本节设计中国制造业创新型人才生态开发体系运行机制如下。

8.2.1 动力机制

中国制造业创新型人才生态开发的主体是制造产业链上的企业,企业内部一般存在三类利益主体,即所有者、经营者和劳动者。它们都带着各自的利益追求和目标聚集在一起,在企业中扮演着不同的角色,并按照各自的目标和利益实现途径来实现自身存在的价值。所有者是企业财产利益的代表,其经济利益的实现和增长表现为企业资产的增值和资产收益的增加;经营者是以自己的专业知识、管理能力和信誉服务于企业,其利益除了货币收入外,还包括非货币收入,如因企业规模扩大和利润率提高所带来的其个人地位、声誉的提高;劳动者的利益则主要体现在个人职业生涯的发展、货币收入及其他福利待遇上。企业人才开发的动力源来自于激烈的市场竞争,在全球制造业产业链条件下,市场优胜劣汰的竞争法则日益显示其威慑力,"优者"占据着产业链上具有高附加价值的环节,"劣者"则只能处于产业链上附加价值低的环节。"竞争"是残酷的,但又是公正而高效的,能激发活力,因为它不承认任何时点上的效率具有常住性,这样可以使各竞争者能得到机会均等的权利。

中国制造企业当前在全球产业链上大部分仍然处于低附加价值的加工制造环节(参见第七章研究),制造产业未掌握全球行业标准的制定权,在全球产业链上话语权不充分。面对现实,制造企业必须通过激发企业内部的利益动机而形成企业经济运行所必需的动力。企业内部利益动机由企业所有者、企业经营者及企业劳动者三部分构成,虽然三者各自利益目标不同或相互冲突,但最终都要受制于企业的经营状况和盈利水平。所以，企业内部不同利益主体实现自身利益目标的冲动，在企业的实际运行中就转化为追求企业利润最大化的目标。为了实现共同目标，人才生态开发的动力来源于所有者、经营者和劳动者三者动力的有机配合。

人才生态开发属于人力资源开发中较高层次的发掘，需要企业投入一定的人力和财力并承担由于人才流动带来的风险，其决策权来源于企业所有者；经营者是企业人才的使用者，按照所有者的决定，如何合理地进行岗位分析、选拔人才、使用人才及激励人才积极主动地奉献于企业并实现共同的目标追求是他们的主要职责；人才作为企业中价值较高的资源和劳动者，其才智及创新能力存在于人才大脑中，具有不可也无法掠夺的特点，而且人才具有一般劳动者所不具备的高层次追求，即事业追求，这一追求在人才创新能力激发中占据重要地位(在第七章中有研究)，事业追求不论在古代，如司马迁写《史记》、曹雪芹写《红楼梦》，还是在现代，如微软的比尔盖茨等，他们正是在树立了远大的抱负前提下，才历经千辛万苦，在艰苦卓绝的环境下成就了伟大而令世人仰慕的事业。事业的追求是人才持久创新的动力。企业经营者在所有者和劳动者之间起承上启下的作用，负有把所有者旨意准确传递给劳动者同时又要通过科学艺术的管理措施才能激发其事业心，发挥其创造潜力，在充分实现人才自身价值的同时达到实现企业创新的目的的重任。

8.2.2　评价机制

人才考评机制是一项复杂的系统工程，是考核主体和考核对象相互协作、配合和沟通的过程。人才考评包括人才素质测评与人才业绩考核。

人才素质测评指测评主体采用科学的方法，分析被测评者在主要活动领域中的行为特征，针对某一类人才素质测评目标所做的定量或定性的价值判断。人才素质测评的主体和对象都是人，测评的内容是人的素质。素质指人们完成某项工作必须具备的自身条件和特征,包括感知、技能、能力、气质和性格等要素。这些要素具有复杂性、隐蔽性和无形性等特质。人才素质测评就是对这些要素的一种测量。这种测量属于心理测量范畴,只能通过个人的行为表现来衡量人才可能具有的静止的业绩素质。人才素质测评的结果主要用于人员甄选、岗位配置、培训与个人职业生涯发展。

人才业绩考核又称人才绩效评估、绩效考核、绩效评价和员工考核等,是一种正式的员工评估制度,也是人力资源开发与管理中一项重要的基础性工作,旨在通过科学的方法、原理来评定和测量员工在工作岗位或职务上的工作行为和工作效果。常用的绩效考评方法可分为:结果导向性的绩效评估方法,如业绩评定表法、目标管理法、关键绩效指标法等;行为导向性的绩效评估方法,如关键事件法、行为观察比较法、行为锚定评价法、360度绩效评估法等;特质性的绩效评估方法,如图解式评估量表等。人才业绩考核的结果常用于人才的薪酬、奖惩与个人职业发展的岗位提升。

人才素质测评与人才业绩考核作为一个问题的两个方面,既相互区别又相互补充。首先,人才素质测评以任职资格或岗位胜任能力要求为基础,对人及其从事某项工作必备的工作条件实施测量,以岗配人;人才业绩考核是以任职资格或岗位胜任能力要求为标准,对人才完成某项工作或任务的结果或过程进行评价,是对人才的工作成果和行为给予定量或定性的价值判断。两者不论在评判内容还是在评判方法与作用上都存在差异。其次,两者又存在必然的内在联系。人才素质测评是人才业绩考核的起点,是对人才实施科学管理的前提;人才业绩考核是人才素质测评的验证与补充,是人才管理的核心。因此,健全和完善科学的人才评价机制应遵循科学合理、突出重点的原则,坚持注重实绩、注重可操作性,做到组织评价与群众评价、定量评价与定性评价、结果评价与过程评价、集中考核与平时考核相结合,以组织目标为导向、以个人业绩为准绳、人岗适配,动态科学地选拔人才、配置人才、使用人才并发展人才。

8.2.3　分配机制

分配机制是对企业收益的所有权和占有权进行划分,以保证其合理归属与运用。企业是由财产所有者、业务经营者和劳动者组成的集合,这三者分属不同的利益主体,通过一定的契约关系聚集在一起,在系列规则、制度及流程的控制下履行着各自对企业应该履行的职能,使企业得以运转,并分享企业运转带来的成果。如何分享、分享多少、何时分享等问题就是企业分配制度应该重点解决的问题,分配合理,则加速企业朝实现其目标的方向运转;否则,将妨碍企业有效运转。因此,企业必须建立一套完整的收入分配体系并使其按照一定规则有机运行。

一般来看,企业的收入分配机制有广义和狭义之分,前者指确定构成企业各生产要素价格的方法,企业所有者是资金的代表,经营者是企业管理知识和能力的代表,劳动者是体力劳动和脑力劳动的代表,正因为有了这些劳动,使企业的资金、厂房、设施、技术、技能以及才智得到有机运行,在满足市场需求的过程中创造和实现企业各种生产要素的价值,并从市场获取相应的回报。回报所得收益按各种生产要素所做贡献的大小实行分配:所有者按其拥有的股权来享受分红;经营者按其经营才能的付出获取报酬;劳动者按劳动数量和质量来领取薪资。狭义的收入分配机制指企业内部的分配方式,目前在中国主要以按劳分配为主,因为资本所有者享有企业剩余索取权和最终控制权,资本的报酬不是由企业的分配方式决定的,而是由最终的经营成果决定。按劳分配指把劳动量作为个人消费品分配的主要标准和形式,按照劳动者的劳动数量和质量分配个人消费品,多劳多得,少劳少得。按劳分配是社会主义公有制中个人消费品分配的基本原则,是社会主义公有制的产物,又是社会主义公有制的实现,是对剥削制度的根本否定,是历史的一大进步。

按劳分配在不同的社会发展时期及不同的经济发展阶段其内涵并不一样,在社会主义发展之初社会财富短缺时期,国家为保证国民生存必需的基本生活需要,实行计划经济的发展模式,企业所有权由国家掌控,社会供给严重不足,根据劳动的数量和质量有计划地分配社会财富,具有存在的必然性与现实性,且对于调动劳动者的社会主义积极性,建设社会主义有重大作用。但随着社会的发展,社会财富积累的不断增长,社会主义经济模式发展成为以公有制为主体、多种所有制经济并存、计划经济指导下的市场经济形式,企业所有权与经营权分离,市场上产品供给日益丰富,市场对产品科技含量的要求越来越高,要求劳动者必须具备较高的知识、技术和技能水平,劳动者劳动的数量和质量也因此被赋予了新的内涵。首先,劳动者获取劳动报酬的途径发生改变,不再由国家统分统配,由企业根据劳动者劳动的岗位实行分配。其次,劳动的衡量标准复杂多样,劳动有有效劳动、无效劳动之分;有一般劳动、具体劳动之别;有复杂劳动、简单劳动之异,衡量标准的复杂性导致了"按劳分配"的局限性,需要采取其他分配方式对"按劳分配"实行补充。

因此,中国当前企业收入分配方式应该是以按劳分配为主体,按生产要素分配为补充的多种分配形式,企业岗位贡献是衡量劳动者劳动数量的基本尺度,市场对劳动者劳动成果的认可是判断劳动质量优劣的主要标准。岗位贡献体现的是劳动者所在岗位对企业战略目标实现的重要程度,是可量化的指标,也是企业按劳动数量分配的依据。劳动质量的优劣能区别劳动者科技含量的多少、技能含量的高低以及劳动者态度的好坏,优质的劳动以其包含的科技、技能及良好的工作态度等要素参与企业收益的分享。这种不但按劳动数量而且按劳动质量对生产要素实行分配的形式是充分调动劳动者劳动积极性的前提。

8.2.4 激励机制

人才生态开发的激励机制在此主要指两方面的内容:一是企业从事人才开发工作需要什么样的外在诱因;二是企业应该制定什么样的人力资源管理措施,充分挖掘现有人才的潜能,为企业做出更大贡献或吸引市场上人才为企业所用。全球市场竞争日趋激烈,产品差异化、多样化的市场需求迫使企业必须注重新产品的研究与开发,技术创新、工艺创新、产品创新以及管理创新是今天中国制造企业必须面对的挑战,而创新的载体是人,特别是那些既具备了现代知识与技术体系,又熟悉了企业主营业务的知识型员工,是企业必须着力开发的对象。因此,激烈的市场竞争是企业人才生态开发的外在诱因。企业用什么方式开发现有人才的创造力,又以什么方式引进自己急需的人才,并建立一支稳定的研发队伍和适应市场经济体制的企业创新团队,则是企业人力资源管理者首要解决的问题。

人才创造潜力的激发、外部人才流入企业是有前提条件的,因为创新就意味着改变,"改变"将使企业面临众多不确定性或风险,企业并不是每个人都愿意接受这种挑战,这里的前提条件主要指企业的人才激励措施与管理制度,企业要制定有效使用、引进和激励人才的措施,必须先了解和把握知识型员工的特点,才能建立行之有效的激励机制。知识型员工一般具有创造性、独立性、自主性和流动性等特点,经济收入对他们来说固然重要,但他们更看重个人创造性劳动成果能够得到企业的认可、得到社会的承认并由此实现自身价值,因此,对知识型员工才智的激发在给予一定的物质激励的同时,还应该给以精神激励、荣誉激励和情感激励。不论物质激励,还是精神激励、荣誉激励和情感激励,都应该在客观公正的业绩评价基础上展开。

物质激励必须公平,不能搞"平均主义"。因为知识型员工对他们所得报酬是否满意不是只看其绝对值,而要进行纵向或横向比较,判断自己是否得到了公平对待,从而影响自己的情绪和工作态度。有关研究表明,实行平均奖励,奖金与工作态度的相关性只有20%;进行差别奖励,奖金与工作态度的相关性能够达到80%。

精神激励包括工作追求激励、工作内容激励以及工作过程激励。工作追求激励指使人才个人目标追求与企业目标追求统一起来,即通过股权激励、分红等手段使两者的利益趋于一致,企业的成败得失就是人才个人的成败得失；工作内容激励就是在科学评价人才素质基础上，把合适的人才安排到合适的岗位上，以便充分调动人才创新的积极性；工作过程激励指给予人才参与管理机会，因为人才的自主性特点决定人才具有参与管理的要求和愿望，创造和提供一切机会让人才参与管理是调动他们积极性的有效方法。精神激励是在较高层次上调动人才的工作积极性，其激励深度大，维持时间也较长。

荣誉激励是一种行为规范式的激励手段，人才采取什么样的行为为企业创造了令人满意的业绩或给企业带来了良好的社会效应，企业通过公众途径对该行为进行表扬或宣传，在公众中树立人才模范形象。这种激励方式简单易行，成本低，效果好。

情感激励指加强企业人力资源管理者与人才的感情沟通，尊重人才，尊重人才的劳动成果，使之始终保持良好的情绪和高昂的工作热情。情绪具有一种动机激发功能，因为在心境良好的状态下工作思路开阔、思维敏捷、解决问题迅速。因此，加强企业人力资源管理者和人才之间的联络与协调，是情感激励的有效方式。

以上各种激励手段在激发人才创造性工作时目标一致，作用及其效果各有差异，但它们之间相互依存、相互补充，共同构成了人才开发的有机的激励体系，其协同作用产生的效应要大于单个激励手段或这些激励手段简单相加时产生的效果。

8.2.5 流动机制

它是指人才管理系统的组织机构、政策原则、制度保障、工作项目、内容、程序、方法和人才市场等各组成要素相互联系、影响和相互协调，共同构成了人才流动所必须具备的自适应体系。该体系应该具有动态、有序、开放和灵活等特点，能有效推动人才交流和智力开发。该体系主要由人才流动的市场机制、人才流动的政策法规引导机制、人才流动的一体化社会保障机制、人才储备及信息传递机制、人才流动计划及宏观调控机制组成。

（1）人才流动的市场机制，主要包括人才供求机制、人才价格机制以及人才岗位市场竞争机制等内容。其中人才价格机制是人才流动市场机制的核心。人才价格机制指在人才市场竞争过程中，与供求相互联系、相互制约的人才市场价格的形成和运行系统，人才价格变动与其供求变动之间相互制约、相互影响和相互作用。人才价格的波动会引起人才供求的变化；反之亦然。人才价格机制是人才市场机制最敏感、最有效的调节器。人才供求机制是调节人才市场供给与需求矛盾，使之趋于均衡的系统。人才供求关系受人才价格和人才岗位市场竞争等因素的影响，供求关系的变动又能引起人才价格的变动和竞争。人才岗位市场竞争机制也是人才市场机制的重要内容之一，人才岗位市场竞争可以是企业内部人才个体与个体之间为获得某一岗位在能力、素质以及适应性等方面的争夺；还可以是企业与企业之间为得到更优秀人才而争相提供的更富于吸引力的岗位和岗位条件。人才岗位竞争是优胜劣汰的重要手段和方法，也是人才脱颖而出的有效途径。

（2）人才流动政策法规，对人才流动起着启动和导流作用。为保证人才良性有序流动，首先，从法制上保证人才交流机构和人才市场的合法性，认可其人员编制，确立其地位和权益，明确其任务和职责，人才在流动期的政治权益、生活津贴、档案材料都受到法律保护。其次，人才流动的双向选择性，即人才有择业权、辞职权、应聘权；用人单位有用人权、招聘权、辞退权。第三，人才流动政策的科学性，制订到边远地区和基层艰苦工作岗位上工作的优惠政策，如向上浮动工资提高级别，解决家属子女农转非户口等，吸引人才去艰苦地区创业，引导人才顺向流动。

（3）人才流动的一体化社会保障机制，指人才流动过程中医疗、养老、失业、住房、职称、户籍、档案、人力资本产权等要素构成的动态的人事管理体系。该体系的有效有序运行直接影响人才的良性流动。人事管理部门应该逐步放松行政、编制、工资、户口、住房及地域等对人才流动的控制，为人才调剂到合适的部门或单位创造条件，进一步优化人才资源的配置。

（4）人才储备及信息传递机制，指要在全社会或全球合理配置人才资源，人才市场首先必须建立大容量、网络化、高速度、大服务的信息技术支持系统。该系统必须具备第一流的现代化信息设备和信息管理人才，且具备覆盖全省、沟通全国并同国际间相连的信息网络，使各地人才紧缺和人事需求信息能很快进行交流、储备和传递，做到人才流动信息的准确和高效。

（5）人才流动计划及宏观调控机制，包括两方面内容：一是国家人事计划的宏观调控机制，从整体上保证职工人数的计划发展和人才的正常交流与配置，防止盲目性和自由化倾向。二是人事计划的中观、微观放活机制："放权"，向基层和企业下放用人权；"转制"，由单一的人事计划管理转向市场化、企业化管理；"放开"，允许人才实行多形式和多渠道择业，如自荐、招聘、双向选择、业余兼职、个体从业、承包创业等，做到择业自主，就业对口。

8.2.6 反馈机制

反馈又称回馈，控制论基本概念之一，指将系统输出信息返回到输入端并以某种方式改变输入，进而影响系统功能的过程。人才生态开发涉及人的心理、人的行为、管理学、经济学等方面的内容，是一项复杂的系统工程，这里在控制论"反馈"概念基础上，提出人才生态开发的反馈机制，意指在人才生态开发中人才开发效果及其效应返回到人才开发动力机制系统中，系统中人才开发决策者将根据返回信息修正人才开发对象、开发评价体系，在此基础上制定相应的收入分配制度和激励政策与措施，以期在一定时期内提高人才开发的效率与效果，达到实现企业预期发展目标。具体讲，就是对人才生态开发所产生的效果与设定的人才生态开发目标进行对比，找出差距，然后采取相应对策。如果员工在工作岗位上取得了预期的业绩，则说明人才开发投入产出与设定的标准无偏差；如果员工在岗位上取得的业绩大于或小于设定的标准，则说明人才开发的投入产出与设定的标准存在偏差，必须采取措施矫正偏差。

8.3　创新型人才生态开发体系运行机制的联动

全球制造业竞争日益激烈,其发展模式正处在深度调整中,它不仅是一场技术变革和商业模式的变革,而且是产业发展主导权的重新争夺。产业发展主导权来源于无法模拟的具有竞争力的产品及其服务,差异化的产品及其服务取决于产业的技术创新及基于信息化的独特的商业服务模式即服务型制造。中国制造业作为全球制造产业链的一部分,创新及改变商业服务模式是转型升级的发展方向及必然选择。创新及改变商业服务模式对当前中国制造业来讲最紧缺的是创新型人才。创新型人才生态开发体系的机制系统各子系统在发挥自身作用的同时,又相互联系、相互制约,互为因果(图8-2)。

对企业来说,全球竞争是其创新型人才生态开发的直接动力;对人才自身来说,寻求自我价值实现的事业追求是其自我才智开发的

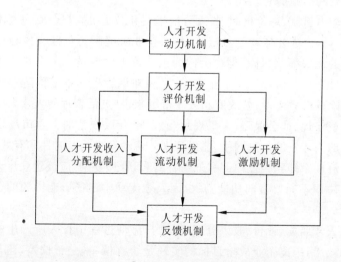

图8-2　人才生态开发体系运行机制的联动

直接且持久的动力,企业需要人才的创造力,人才需要企业提供的能让人才施展才智的平台,两者不同的需求统一于企业利润追求这一目标的实现上。不同利益主体动力来源不同,如何把各自的动力变成一种合力并服务于同一目标,需要建立能够协调它们的动力机制,使之良性运转。

共同的利益把企业与人才捆绑在一起,为使人才充分发挥自身创造能力,企业必须考虑把合适的人安排在恰当的岗位上并激发其创造热情。用人不当是资源的浪费,收入分配错位或激励偏差,会严重打击人才创新的积极性,是对人才创造性的扼杀。因此,企业必须建立科学的人才评价机制,根据企业岗位需求,科学评估人才素质,以做到人岗适配。

企业使用人才时,对人才创新绩效必须给予客观、如实、公正的评价,并制定公平的薪酬体系和富于激励性的奖励分配制度,在收入分配及人才激励过程中做到有的放矢,建立公平合理的收入分配机制和人才使用开发的激励机制,如奖金、分红和股权等,提高收入分配及激励措施的有效性。

动力机制、评价机制、收入分配机制和激励机制都会成为人才流动的诱因。人才流动是一把双刃剑,企业可能因为掌握有核心技术员工的流失面临风险,但也会因为人才流动激发员工工作热情或给企业带来新鲜血液。就企业来说,完善知识管理体系是预防人才流失风险的有效手段;就政府和人才市场来说,灵活合理的人才人事管理政策法规、社会保障、人事规划与调控、开放规范的人才市场以及通畅的人才资源信息网络,能保证人才流动开发的及时性和有效性。人才流动牵涉到企业内部和外部各要素,管理复杂,应该建立流动机制来协调不同要素的功能,减少因人才流动不通畅影响资源的合理配置。

人才匹配、评价、收入分配、激励与流动过程中投入所产生的效率和效果,距离企业战略目标的实现是否有偏差,是正偏差,还是负偏差,还是正好满足实现目标的需要,企业应该建立相应的反馈机制,向企业人才开发动力源的企业和个人决策者提供返回信息,以改进或修正人才开发机制系统中各环节的政策或措施。

因此,中国制造业创新型人才生态开发的机制系统是一个完整的循环回路体系(图8-2),而且每循环一次,都向更完善的层级接近一步,在制造业产业链平台上实现不同人才种群的演变与发展。

专栏 8-1　　培养创新型人才更需要建立激励机制

大力培养创新型人才,已经成为当今世界各国实现经济科技发展和提升综合国力的重要途径。因此,对于管理者来说,要造就一大批拔尖创新型人才,就需要建立激励创新的有效机制。

要注重创新型人才激励,要有立才之术、荐才之德的蓝图。对企业而言,在人才竞争日益激烈的今天,有效的激励还成为留住创新型人才的法宝。创新型人才的激励,要综合考虑他们的性格特征以及反映其特征的需求,尤其要注意以下几点。

(1)要注重构建一个施展才华的平台。这个平台是由开发项目、资金设备、团队配合、交流论坛等组成。重要的是要让他们通过适度的公平竞争成为开发项目的主持人,相应也获得其他资源的支配权;平台的组成还包括吸收他们参加企业发展目标的确定、战略规划的研制、新产品开发的计划研究等重大活动,让他们活跃的思维、鲜活的创意能得到企业的关注。

(2)要注重构建一个畅通的交流渠道。打破创新人才与管理层之间的等级障碍,开展平等、面对面的交流。比如,经常举行高管与创新人才共同参加的午餐会、无主题讨论会、野外活动,等等。直接的对话可以使大家开诚布公,增加彼此间对共同目标的认识,相互能力的信任和理解。很重要一点就是能形成一个信息资源共享的环境,这会使人才倍感受到尊重,受到信任。

(3)要注重给予更多的理解和宽容。创新型人才在创新活动中表现出的一些优秀性格特征,在其他场合可能被认为是缺陷。比如,一个很执著的人在日常生活中可能被认为是固执;竞争意识很强的,会被认为是"好出风头";自信心强的人,有时也会表现出傲慢自大。

(4)注重打造良好利益共同体。有研究表明,知识型员工不仅需要获得劳动收入,而且要获得人力资本的资本收入,即需要分享企业价值创造的成果。对他们来说,报酬成为一种成就欲望层次上的需求。这种需求上的变化提示,要为创新型人才铺就一条与企业同发展、共命运成长道路,不仅是物质报酬上要同企业发展一起"水涨船高",而且个人创新能力的提升上也要如此。因此,企业要积极营造学习的氛围,根据企业及其环境的发展变化,为创新型人才提供及时的知识更新培训机会,使他们的创新能力长盛不衰。

总之,作为优秀的企业管理者,要建立有效的激励机制,有助于提高人才从事创新活动的积极性,形成敢于创新、追求创新的社会氛围,促使创新人才脱颖而出。

资料来源:www.news.cn.作者:北斗七心.2011-08-27

8.4 创新型人才生态开发体系机制的运行规律

8.4.1 梯度流动律

"梯度"概念由产业梯度转移理论延伸而来。产业梯度转移即产业区域转移理论认为,区域经济发展取决于其产业结构的状况,产业结构的状况又取决于地区主导产业在工业生命周期中所处的阶段。如果其主导产业部门由处于创新阶段的专业部门所构成,则说明该区域具有发展潜力,因此将该区域列入高梯度区域。随着时间的推移及生命周期阶段的变化,生产活动逐渐从高梯度地区向低梯度地区转移。按照产业区域转移理论,创新活动是决定产业区域发展梯度层次的决定性因素,创新活动大都发生在高梯度地区。

用该理论分析中国制造业产业链当前状况,就人才使用开发投入产出指标看,中国工业研究与试验发展(R&D)人员、经费、项目、有效发明专利、新产品产值等各项指标不论相对值还是绝对值制造业都居第一位(表8-1、表8-2)。

表8-1　按行业分大中型工业企业 **R&D** 活动及新产品相对值比较(2009年)

行业	人均R&D经费(万元)	R&D人员人均项目数(项)	R&D人员人均有效发明专利数(件)	R&D人员人均新产品产值(万元)	R&D人员人均新产品销售收入(万元)
采矿业	20.39	0.085	0.022	98.91	92.95
制造业	24.96	0.103	0.065	479.24	473.50
电力、热力、燃气和水的生产和供应业	18.19	0.141	0.053	21.61	24.75

表8-2　按行业分大中型工业企业 **R&D** 活动及新产品绝对值比较(2009年)

行业	R&D人员全时当量(人年)	R&D经费(亿元)	R&D项目数(项)	有效发明专利数(件)	新产品产值(亿元)	新产品销售收入(亿元)
采矿业	81 861	166.903 0	6 983	1 816	809.709 5	760.896 0
制造业	1 207 551	3 014.235 4	124 649	78 905	57 870.786	57 177.591 5
电力、热力、燃气和水的生产和供应业	16 701	30.383 7	2 360	892	36.084 4	41.333 2

研究与试验发展(R&D)指在科学技术领域,为增加知识总量,以及运用这些知识去创造新的应用所进行的系统的创造性活动。国际上通常采用R&D活动的规模和强度指标反映一国的科技实力和核心竞争力。R&D人员反映投入从事拥有自主知识产权的研究开发活动的人力规模;R&D经费与新产品产值等反映从事创造性活动的投入产出规模;专利反映拥有自主知识产权的科技和设计成果情况。

鉴于此,借用产业区域梯度转移理论观点,中国制造业在转型升级初期几年,高梯度区仍然在制造环节,该环节集中了中国工业研究与实验发展资源的 90%。随着中国制造业转型升级的不断深入,生产经营活动的各项经济资源将逐步流向制造业产业链的流通与生产性服务环节,人才资源的流动将随着产业市场需求的变化而发生由制造与加工环节向流通与生产性服务环节转移,而且转移方式呈现出梯级形式;同时,制造与加工环节内部在提高产品、工艺高新技术含量过程中,人才种群内部也存在优胜劣汰的竞争过程,不同层次的人才在知识、信息、能力等能量的传递过程中得到强大,并向种群内高一层级的群体提升,从而实现种群内部的梯级转移。

再从人才自身流动特点看,人才流动动机主要有两类:一类是个人职业生涯发展需求驱动;另一类由收入水平因素驱动。个人职业生涯发展一般取决于人才市场需求,产业人才市场需求是产业市场需求的派生需求,所以个人职业生涯的发展与产业市场对人才的需求是一致的。中国制造业个人职业需求的动力来自产业的转型与升级,而转型升级中产业呈现层级转移趋势,因而中国制造业人才流动也将呈层级流动趋势,由中国产业链的制造环节流向流通及生产性服务环节。另外,人才个体对高收入水平的追求,将促使人才流向收入报酬更高的行业。中国转型升级开局时期,中国制造业与相关行业如金融、物流等的平均收入水平分布状况为:截至 2009 年底,平均工资处于前 3 名的行业是金融业、信息传输、计算机及软件服务业和科技服务及地质勘察业。在 8 个行业中,制造业的平均工资水平为最低(表 8-3、图 8-3)。在较高平均工资的驱动下,人才会流向较高水平工资的行业,特别是对即将进入人才市场的准人才,其流动成本不高,为尽快收回其人力资本投入成本,在行业选择时更多将选择工资水平高的行业就业。对制造产业链的现有人才,流动成本较高,但整个制造业的转型升级随着高新技术的使用,不同人才种群在知识、信息及能力等方面的相互影响,人才综合素质会得到很大提高;同时,人才就业能力也会因之增强,流动性会变大,尽管现有人才流动成本较高,但与预期的高收益相比,流动成本便能得到补偿。因此,不论是现有人才还是即将进入市场的准人才,选择高收入水平的行业就业是理性选择,也是伴随产业转型升级人才流动的趋势所在。

表 8-3　中国城镇单位就业人员平均工资　　（单位:元）

行　业	2005 年	2006 年	2007 年	2008 年	2009 年
采矿业	20 449	24 125	28 185	34 233	38 038
制造业	15 934	18 225	21 144	24 404	26 810
电力、燃气及水的生产和供应业	24 750	28 424	33 470	38 515	41 869
交通运输、仓储和邮政业	20 911	24 111	27 903	32 041	35 315
信息传输、计算机服务和软件业	38 799	43 435	47 700	54 906	58 154
批发和零售业	15 256	17 796	21 074	25 818	29 139
金融业	29 229	35 495	44 011	53 897	60 398
科学研究、技术服务和地质勘查业	27 155	31 644	38 432	45 512	50 143

综上所述,无论从人才种群的流动,还是从人才个体流动特点分析,中国制造业人才的流动都呈现梯级流动的趋势,即由中国制造业产业链的制造、加工环节向金融、科技服务和物流、营销、信息服务等生产服务型环节流动(图 8-4),这一流动趋势将助推中国制造业转型升级的进程。也只有制造产业链两端生产服务水平达到了国际水准,制造产业链的制造和加工环节才能真正实现从底端的制造向高端的研发和服务型制造转变,中国制造业也才能真正融入到全球制造产业链的框架中。

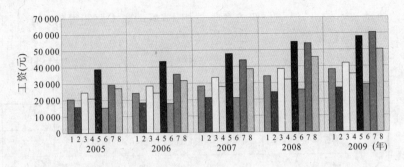

图 8-3　按行业分城镇单位就业人员平均工资比较

数据来源:中国统计年鉴 2010.中国国家统计网

1.采矿业;2.制造业;3.电力、燃气及水的生产和供应业;4.交通运输、仓储和邮政业;5.信息传输、计算机服务和软件业;6.批发和零售业;7.金融业;8.科学研究、技术服务和地质勘查业

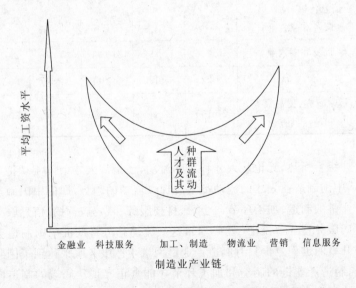

图 8-4　中国制造业人才种群流动趋势微笑曲线

8.4.2 "木桶"定律

截至 2009 年底,中国制造业 R&D 人员按全时当量统计达到 120 多万人年,全国 R&D 人员按全时当量统计为 130 多万人年(表 8-4),制造业从事 R&D 活动的人员占全国的 92.45%。巨大的从事研究与实验开发工作的人力资源存量表明,中国制造业创新型人才的开发潜力雄厚。再从中国制造业 2009 年底 R&D 人员活动投入产出比状况看,制造业 R&D 经费投入在工业企业中针对其产出是最低的,而反映产出指标的新产品产值和新产品销售收入针对其投入经费来看却是最高的(图 8-5),这一状况说明中国制造业转型升级之初不但研发人员数量大,而且创新能力强;从创新成果的有效发明专利看(图 8-6),创新成果的针对性高,产业化程度高,因为有效发明专利反映创造性成果产业化时被市场接受的程度。因此,中国制造业丰富的创造性资源有待于企业去挖掘。企业采用什么样的激励手段才能充分调动现有人才的创造性潜力,这是当前值得中国制造业产业链上各企业人力资源管理者深刻研究的问题。

表 8-4　2009 年中国制造业 R&D 人员与全国 R&D 人员对比

来　源	规　模
制造业 R&D 人员全时当量(人年)	1 207 551
全国 R&D 人员全时当量(人年)	1 306 179

数据来源:中国统计年鉴 2010.中国国家统计网

根据本书对中国规模以上工业企业和制造业激励措施对创新活动激发效果状况分析,在规模以上工业企业中,采取奖金或提成实行创新激励的企业占有创新活动企业数的 45.3%,增加岗位工资实施激励的占有创新活动企业数的 41.1%,通过住房、股权和期权实行激励的占有创新活动企业数的比重分别是 8.1%、5.6% 和 2.3%;制

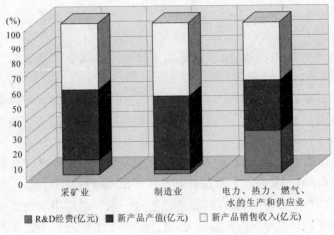

图 8-5　2009 年研发投入产出分布图

数据来源:中国统计年鉴 2010.中国国家统计网

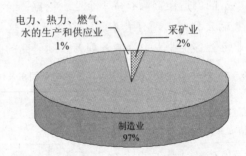

图 8-6　2009 年有效发明专利分布图

数据来源:中国统计年鉴 2010.中国国家统计网

造业采取奖金或提成实行创新激励的企业占有创新活动企业数的45.4%,增加岗位工资实施激励的占有创新活动企业数的41.4%,通过住房、股权和期权实行激励的占有创新活动企业数的比重分别是8.2%、5.7%和2.4%(表8-5)。这些数据说明中国制造业创新型人才的激励措施效果位于前两位的仍然是奖金或提成以及增加岗位工资,这也与中国制造业目前的收入水平相当。虽然股权和期权在发达国家激励效果好,但在中国现阶段制造业整体收入水平不高、温饱问题基本解决的条件下,通过提高岗位工资和奖金或提成来承认创新型人才的创造性成果比股权和期权激励效果更直接、更符合人才目标追求的现实。就住房来说,中国企业提供住房主要从租赁或补贴入手,人才并不能得到企业提供的具有人才个人产权的住所,在中国住房市场化改革后,企业的有限的住房补贴面对不断攀升的房价就显得微不足道了。因此,住房措施在创新型人才活动中激励效果也远远低于岗位工资提高和奖金或提成措施的激励效果。

不过,期权和股权这些激励措施对开发人才种群中领军型人才激励效果相对于增加岗位工资和给以奖金或提成会更加明显,通过给人才创造性劳动成果按股权和期权的方式承认其人力资本产出的产权,更能实现高层次创新型领军人才的自我价值,因为对他们来说,对事业成功感的追求大于单纯收入水平的追求。

表 8-5　中国制造业企业激励措施效果比较

企　业	占有创新活动企业数的比重(%)				
	住房	股权	期权	增加岗位工资	奖金或提成
规模以上工业企业	5.6	2.3	41.1	45.3	8.1
制造业	5.7	2.4	41.4	45.4	8.2

数据来源:中国统计年鉴 2010.中国国家统计网

鉴于上述研究,本书认为中国制造业创新型人才的生态开发符合"木桶定律",即木桶装水的容量取决于木桶自身的短板,而不是取决于木桶的长板。用该定律阐释中国制造业创新型人才的生态开发,首先要解决的是通过增加岗位工资和给以奖金或提成激发多数创新型人才的创造性,然后通过股权或期权或住房对高层次人才实行差异化激励,通过这种差异化的激励措施体系,更好地调动不同层次人才的创新积极性与主动性。

8.4.3 自适应律

　　人才生态开发体系由基于大脑智商和情商的个体人才开发、基于中国制造业产业链内生发展模式的人才种群开发以及基于政府、市场、企业和培训机构及教育机构各外在要素研究等部分构成。各个部分都涉及一系列影响人才开发的因素,就人才个体来说,影响个体人才人力资本投入的因素有家庭经济状况、人力资本投入的收益、个人职业发展追求、个人生活的家庭环境、社会环境等,但关键因素则是个体对人力资本投入产出的预期和个人职业生涯发展追求;同时,影响个体人才创造性潜力发挥的还有所在企业对个体的激励手段。

　　就人才种群来说,其发展及演化则受人才市场价格的影响很大。某段时期人才市场某一人才种群如果需求量大,势必导致下一时期这类人才的大量供给。理由是:市场需求量大将导致劳动力价格的上升,这时人们会预期人力资本投入收益将随之提高,因此,会参加相应培训以提高自己就业能力,而且各种教育机构、网络教育及市场化的培训机构能随时满足人才接受继续教育的要求;与此同时,随着制造业在转型升级过程中,高技术含量的产品及工艺往往融合了多学科的知识与信息,对专业的渗透、学科的交融要求日益频繁,人才种群在这样一个大熔炉背景下,不同种群在知识、信息、能力等能量传递中相互影响、相互辐射,人才种群自身也因此有一个形成、发展、提高的从低到高的自我调节过程,以适应产业链发展的需求。

　　再从人才生态开发外部环境看,政府对制造产业链人才开发的影响更多体现在其产业政策导向上。当前,中国制造业转型升级对高新技术、生产型服务需求大,政府鼓励大力发展高新技术产业、生产型服务产业,这些产业人才的需求量也会因此大大增加。

　　企业对人才的生态开发有几种情况,一是培训开发,即企业根据岗位需求实行内部培训或与外部培训或教育机构联系实施订单式培训。二是通过"师徒"制进行"干中学"。三是流动开发,即企业内部轮岗和外部引进,前者主要针对企业内部人才库,在轮岗的过程中发掘人才潜力,满足企业因战略目标的变化调整岗位而对岗位人才需求的变化,成本较低;后者则是指引进企业紧缺岗位的人才或为了补充新鲜力量维持企业人才库的可持续发展而采取的办法,成本较高。四是使用开发,即在任用人才过程中,通过绩效考核、薪酬、奖励等手段充分调动人才创造性劳动的积极性、主动性,并以此为手段提高人才工作业绩,共同实现企业利润最大化的战略目标的过程,企业战略目标的制定取决于激烈的市场竞争,企业人才开发的原动力是市场。

从对人才生态开发体系中个体、人才种群以及外部环境各要素对人才开发的影响可知,体系中各要素对人才生态开发的影响有直接的、有间接的,其中的核心要素主要有:人才个体的职业生涯追求、人才对人力资本投入产出的预期、人才市场劳动力价格的波动、企业的利润目标、市场的竞争程度、企业人才管理的激励手段。这些核心要素以中国制造业产业链为平台、以收益为准绳、以市场为风向标,自动调节人力资本的开发投入和使用投入。对企业来说,人力资本的开发投入指培训、"干中学"和人才引进等的付出;使用投入指人才为企业工作过程中,企业在激励人才多出成果时所采取的系列管理措施。对人才个体来说,人力资本的开发投入指个体为适应市场变化而自觉采取的接受继续教育的办法;使用投入指面对企业实行的系列激励手段,人才将把自己的收入水平与自己过去收入水平比较,或与同行业岗位收入水平做比较,根据比较结果调整自己工作的努力程度。人才生态开发的这些行为的改变,都是在一种外在诱因诱导下,自发适应工作环境的变化过程。这种变化时刻都在发生,而且很微妙。用公式表示如下:

$$D = f(I, C, E, L_p, B, C_d)$$

公式中,D 代表企业人才开发,I 代表个人收入水平,C 代表个人职业生涯发展追求,E 代表企业激励措施,L_p 代表劳动力市场价格,B 代表企业创新型人才开发收益,C_d 代表企业所在市场的竞争程度。公式表达的含义是,等号左边与右边是函数关系,即等号右边任何一个因素的变化,都会影响等号左边人才开发投入决策及其使用程度的变化,而且这一变化具有自适应性、自发性及传导性。

专栏8-2   **谈人才的差异化管理**

有一个故事讲的是一群商人在一条船上谈生意,船在行进中出了故障,渐渐下沉,必须让乘客跳水。船长深谙世事,知道这些商人的文化背景不同,必须采取不同的方式分别去说服他们。于是他对英国商人说:"跳水是一种体育运动",英国人崇尚体育,听罢即跳;他对法国商人说:"跳水是一种时髦,你没看见已经有人跳了吗?"法国人爱赶时髦,遂跟着跳下;他对德国商人说:"我是船长,我命令你跳水",德国人严于纪律,服从了命令;他对意大利人说:"乘坐别的船遇险可以跳水,但在我的船上不行",意大利人多有逆反心理,说不让跳他偏要跳;对非常现实的美国人,船长就说:"跳吧,反正有人寿保险,不跳就死定了";对中国商人则说:"你家中还有80岁的老母,你不逃命怎么对得起她老人家的养育之恩!"从这一不无夸张的幽默中,我们可以悟出受不同文化、环境熏陶的人,其人生哲学、追求、价值观迥然各异,对其管理也应有所不同。

因才施管,才能有的放矢,提高人才管理的绩效。人才管理要因才施管,首先就要会识别人才。

识别人才的差异

关于人才,有各种各样的论述,各个时代有不同的标准。首都经贸大学黄津孚教授从学术的角度将人才定义为:"人才是指在对社会有价值的知识、技能和意志方面有超常水平,在一定条件下能做出较大贡献的人。"他认为,人才与一般人没有质的区别,只是有的在知识方面,有的在技能方面,有的在意志方面表现出超常水平,人才不一定是高学历的知识分子,优秀的普通劳动者也可以是人才。

这里讲的人才,不是人才学中突出其杰出性而定义的人才,不是以学历教育划分的人才,也不是人才预测、人才规划中为了统计方便,使用学历加职称的人才范围,而是指从事或有能力从事管理岗位工作或专业技术岗位工作的人,相当于人才资源概念涵盖的范围。正如管理学家泰勒所说,不同的人,只要工作对他适合或只要他能够胜任此岗位的工作,他就是第一流的工人,就是人才。按照这样的思想,我们可以将一个组织内的人才分为四类:①开拓型人才:指那些能吃苦,勤奋向上,对环境适应能力极强的人;②创新型人才:指那些思维敏捷、博学超群,自己有明确目标,并能努力实现目标的人;③实用型人才:指在既定条件下,能按照上级的目标、步骤努力完成任务的人;④平庸型人才:指给予了良好的条件、明确的目标与步骤,仍不能胜任工作的人。按照我们前面的界定,这类人本不能叫做人才,这里权且叫做人才吧。

这四类人才的特点是,开拓型人才由于具备相当的能力,能承担重任,在实践中显得有些恃才傲物,不善于与人合作,但对组织的贡献可能最大,对组织的忠诚度最高;创新型人才思维敏锐,富于想象,不安于现状,当环境条件变得不利于其专长发挥时,极容易跳槽,对组织的忠诚度较低;实用型人才比较循规蹈矩,也有用武之地,对组织的忠诚度仅次于开拓型人才,是最稳定的群体;平庸型人才懒于承担责任,不听指挥,很难与人合作,对组织的忠诚度也最低,但因自身的弱点和毛病在任何组织都不受欢迎,因此跳槽倾向最弱。

按照"二八原则",一个组织80%的业绩是组织内20%的人才创造的,可以将这20%的人界定为开拓型人才和创新型人才,实用型人才也很重要,平庸型人才越少越好。

如何进行差异化管理

人才管理的关键是激励。美国哈佛大学詹姆斯教授对激励问题的专题研究结论是:如果没有激励,一个人的能力发挥不过20%～30%,实施激励后,其能力则可发挥到80%～90%。可见激励得当,一个人可顶四个人用。因此,建立良好的激励机制,根据不同的人才,采取不同的、恰当的、适度的激励措施是管理成功的关键所在。

对于开拓型人才，由于其很重视自我价值的实现，管理者应为他们创造机会，充分放权，根据每个人的专长、能力水平、兴趣爱好，确定最佳工作岗位，使其感到自己找到了理想的表演舞台。同时，帮助其拟定一个体现企业和个人共同发展的生涯发展规划，使其看到自己的发展前景，增强努力进取、与人合作的内在动力。应大胆地把他们推到管理、科研、生产的重要岗位，赋予必要的参与权、决策权、处置权，使其看到自己在一步步走向成功。真正做到"用人不疑，疑人也用"，最大限度地给予其施展才能的空间。

对于创新型人才，经常进行有效的沟通，了解他们的内心世界和需求，为其创造发挥特长的良好条件，提高其对组织的忠诚度和与人合作的意识，克服浮躁心理，增强稳定性，真正解决好"用好人、留住人、吸引人"这一深层次的关系组织命运的问题。管理者要有一定的预见性，要在其有跳槽意向之前进行有效的沟通，提高其相应待遇并创造良好的工作环境。如果等到其跳槽意向已经明确后才亡羊补牢，效果就差了。因为他们既然已经向你表示了跳槽意向，那就表明他们已决定放弃你对他们的信任度，此时即便你对他们示好，他们也会怀疑你以后是否还会高度信任之，对你的信任度没有信心，会使他们不敢回头。而且，明确的跳槽意向会使员工自身与领导同事之间产生一定的隔阂，若是因为你提高相应待遇而留下来，又可能被同事们耻笑为见利忘义，处于两难的尴尬境地。再者，员工在有明显跳槽意向后被劝回，会带来一定的反面示范作用，会有更多的员工以跳槽为噱头要挟企业为其提高待遇。

对于实用型人才，要发挥其对工作认真负责、勤勤恳恳的优点，进一步提高其工作积极性，尤其要注重其创造性的发掘。有关研究表明，许多人都具有创新的潜质，这可以说是人的本质特征。人的创造性没能释放的很大原因是心理障碍，缺乏自信心，总觉得自己不行。因此，应有意识地通过如团队培训这种形式，营造一种使每个成员与人坦诚交流的氛围，形成一种自由的、直接的、开放的沟通，增强成员的彼此互动，提高他们的开放和接纳度，激发其创造性。

对于平庸型人才,当然辞退最省事。但在组织内这类人才不可避免,对其辞退不可能解决问题。因为这样做,既会伤害员工的感情,又会让在职员工人人自危。马克思曾经说过:只能用爱来交换爱,用信任来交换信任,用尊重来交换尊重。管理者要实施感情投资,要看到人是有思想感情、有追求的,在取得成绩时总希望得到别人的肯定;在遇到困难时总希望得到别人的帮助和支持;在失利时总希望得到别人的宽容呵护。总之,他们需要得到关心,需要领导重视他们的存在和价值。实践证明,一个组织内管理人员对下属的期望高,其下属的表现就可能是优秀的;反之,其表现就不佳了,这就是"皮格玛利翁"效应在组织管理中的应用。为此,管理者首先要加强与下属的沟通,找到他们工作积极性不高、情绪低落的原因。如果是对组织的某些制度、措施不满,要给予解释或改进,争取理解和支持;如果是因为自身的原因,要其限期改正,实在不行再考虑辞退。正如美国管理大师德鲁克所说的:改善落后的比提高先进的更利于提高整体绩效。

对管理者的要求

现代管理区别于传统管理的本质在于,人在企业中的核心地位的确立。管理者的主要作用在于建立有效的激励制度,这种制度既能激励员工为企业的目标做出积极的贡献,又能满足各种各样人的需求。同时,这种制度能使人才始终有一种危机感,使人能经常保持一种进取精神和竞争意识。为此,管理者应树立以人为本的现代管理意识,但又不是简单地把员工看成"组织的人",是"对象"或"工具",而应把企业变为"人的组织"。在管理方法上变"制度驱使"为"面向个人"的差异化管理,尊重员工的个人价值,变"以物易人"为"以心换心"。同时培育健康向上的企业文化,创造民主、自由、宽松、和谐的体制环境,在企业内部形成一个尊重知识、尊重人才、尊重个性自由的文化氛围。

资料来源:中人网.2004-02-18.转载:《职业》.作者:邓学芬

参考文献

卜凡勇. 浅议人才的配置、激励与培养[J]. 科技信息(科学教研).2007
　　(20)

陈全明.成功企业人力资源管理精要丛书[M].深圳:海天出版社,2002

陈全明.科学人才观与中国人才资源能力建设[J].管理世界,2006(9)

陈远敦,陈全明.人力资源开发与管理[M].北京:经济出版社,2001

德里克·博斯沃思、彼德·道金斯、索尔斯坦·斯特龙道克,著.劳动市
　　场经济学[M].何璋、张晓丽,译.北京:中国经济出版社,2003

董原.强化人才优化配置合理开发管理人力资源[J].理论前沿,2003
　　(10)

冯立平.人才测评方法与应用[M].上海:立信会计出版社,2006

格罗斯曼 G M,赫尔普曼 E,著.全球经济中的创新与增长[M].何帆,
　　牛勇平,唐迪,译,何帆,校.北京:中国人民大学出版社,2002

侯风云.中国人力资本形成及现状[M].北京:经济科学出版社,1999

黄梅,吴国蔚.人才生态链的形成机理及对人才结构优化的作用研究
　　[J].科技管理研究,2008,28(11)

黄梅.耗散结构理论视角下的人才生态系统演化机制研究[D].北京:北
　　京工业大学, 2009

加里 S 贝克尔,著.人类行为的经济分析[M].王业宇,陈琪,译.上海:
　　上海三联书店,上海人民出版社,1995

加里·贝克尔.人力资本[M].北京:北京大学出版社,1987

赖德胜.教育与收入分配[M].北京:北京师范大学出版社,2000

乐章,陈璇.福利管理[M].深圳:海天出版社,2002

李建民.人力资本通论[M].上海:上海三联书店,1999

李炯.中国现阶段个人收入差距分析[M].太原:山西经济出版社,2000

李玉君. 高层管理团队的绩效衡量[J].中国人力资源开发.2005(4)

李志宏,王文清,梁东.武汉工业发展研究(2010)[M].武汉:武汉大学出版社,2010

李志宏.现代企业合意性薪酬体系研究[M].武汉:武汉出版社,2006

李志宏.制造业创新型技能人才开发研究[J].集团经济研究,2007(26)

李中赋,徐天祥.关于凝聚高层次人才的战略思考[J].中共济南市委党校学报,2004(2)

林泽炎.强国利器——人才开发的战略选择与制度设计[M].北京:中国劳动社会保障出版社,2008

刘彩凤.培训管理[M].深圳:海天出版社,2002

刘民主.人才概念发展及科学的人才观[J].人才开发,2008(6)

刘维俭,王传金.从人才类型的划分论应用型人才的内涵[J].常州工学院学报(社科版),2006(3)

刘霄峰.科学人才观的内涵[J].中国工程咨询,2008(2)

刘昕.薪酬管理[M].北京:中国人民大学出版社,2003

罗劲.顿悟的人脑机制[J].心理学报,2004,36(2):219-234

迈克尔·茨威尔,著.创造基于能力的企业文化[M].王申英,唐伟,何卫,译.北京:华夏出版社,2002

美国国家研究署.2020年制造业的远景预测[M].转引自:张曙,陈超祥.产品创新和快速开发.北京:机械工业出版社,2008

明塞.人力资本研究[M].北京:中国经济出版社,2001

丘建华.人才资源能力建设的影响因素与规律探讨[J].北京石油管理干部学院学报.2007(4)

沈邦仪.人才生态论[M].北京:北京蓝天出版社,2005

沈利生.人力资本与经济增长分析[M].北京:社会科学文献出版社,1999

沈维涛.从人才链到产业链——印度软件产业发展过程中的人才链因素[J].管理世界,2004(1):141-144

舒尔茨.论人力资本投资[M].北京:北京经济学院出版社,1990

斯腾伯格 R J.成功智力[M].武汉:华东师范大学出版社,1999

斯腾伯格著.创造力手册[M].施建农,译.北京:北京理工大学出版社,

2005

孙春玲,尹贻林.人力资本分享企业剩余的计量[J].中国人才(上半月),
    2008(6)

王福波.国内外人才流动理论研究综述[J].重庆三峡学院学报,2008(2)

王通讯.人才学通讯[M].北京:中国社会科学出版社,2001

韦恩·卡肖.人:活的资源——人力资源管理[M].北京:煤炭工业出版
    社,1989

吴国存.企业人力资本投资[M].北京:经济管理出版社,1999

西奥多 W 舒尔茨.报酬递增的源泉[M](中译本).北京:北京大学出版
    社,2001

西奥多 W 舒尔茨.论人力资本投资[M].北京:北京经济学院出版社,
    1990

肖鸣政.能绩人才观的人力资源开发学分析[J].北京大学学报(哲学社
    会科学版),2004(4)

杨存荣,汪健,林秀华,等.人才学研究应当注重方法的创新——对于清
    华大学院士群体创新能力调查研究的总结与反思[J].北京林业大
    学学报(社会科学版),2003,2(1)

叶忠海.人才学基本原理[M].北京:蓝天出版社,2005

余凯成,陈维政.人力资源开发与管理[M].北京:企业管理出版社,1997

袁和平.团队管理[M].深圳:海天出版社,2002

张剑,郭德俊.创造性与环境因素关系的社会心理学理论[J].心理科学,
    2003(2)

张骏生.人才学[M].北京:中国劳动社会保障出版社,2005

张顺.成功招聘[M].深圳:海天出版社,2002

张子良.实现人才与产业的交融——关于如何营造人才与产业的生态
    系统[J].中国人才(上半月),2007(3):26-27

章晓娥.关于创新型科技人才资源开发战略的思考[J].才智,2008(7)

赵光辉.人才结构与产业结构互动的一般规律研究[J].商业研究,2008,
    37(2):34-39

赵恒平,雷卫平.人才学概论[M].武汉:武汉理工大学出版社,2009

赵履宽,杨体仁,姚先国,等. 劳动经济学[M]. 北京:中国劳动出版社,
　　2002

赵人伟. 中国居民收入分配再研究[M]. 北京:中国财政经济出版社,
　　1999

郑平生. 论人力资源的自我开发[J]. 重庆大学学报(社会科学版),2002
　　(1)

中共中央编译局课题组. 国外人才资源开发的新思想、新理念[J]. 马
　　克思主义与现实,2004(2):17-26

周丹,施建农. 从信息加工的角度看创造力过程[J]. 心理科学进程,
　　2005,13(6):721-727

周振华. 收入分配[M]. 上海:上海人民出版社,2003

朱森第(中国机械工业联合会专家委员会). 未来十年中国制造业的发
　　展[J]. 第四届中部六省人才论坛,2010年9月6日,长沙

朱耀延,李月修. 诸子人才观与现代人才学[M]. 北京:中国广播电视出
　　版社,2007

朱舟. 人力资本投资的成本收益分析[M]. 上海:上海财经大学出版社,
　　1999

[美]帕特里克·沙利文. 价值驱动的智力资本[M]. 赵亮,译. 北京:华夏
　　出版社,2002

[美]托马斯 A 斯图尔特(美). "软"资产:从知识到智力资本[M]. 北京:
　　中信出版社,沈阳:辽宁教育出版社,2003

Acemoglu D,Jaume V. The world income distribution[J]. Quarterly
　　Journal of Economics,CXVII,2002

Acemoglu D,Pischke J S. Beyond becker:training in imperfect labor
　　markets[J]. Economic Journal Features,1999

Alvarez F,Marcelo V. Severance payments in an economy with frictions
　　[J]. Journal of Monetary Economics,XLVII,2001

Angel de la Fuente,Antonio C. Human capital in a global and know-
　　ledge-based economy[M]. Instituto de Analisis Economico Press,
　　2002

Aschenfelter O, Harmon C, Oosterbeek H. A review of estimates of the schooling/earnings relationships, with tests for publication bias[J]. Labour Economics, 1999:453 - 470

Banks J, Smith Z, Wakefield M. The distribution of financial wealth in the UK: evidence from 2000 BHPS Data[J]. Institute of Fiscal Studies, 2002.

Barro R, Jongwha L. International data on educational attainment: updates and implications[J]. February , Manuscript, 2000

Barron J M, Berger M C, Black D A. Do workers pay for on-the-job training[J]. Journal of Human Resources, 1999

Bartel A P, Nachum S. Technology change and the skill acquisition of young workers[J]. Journal of Labor Economics, 1998, 16(4)

Beaudry P, Green D A, Townsend J. An investigation of changes in wage outcomes across cohorts in canada[D]. Mimeo: University of British Columbia, 2001

Becker G S, Murphy K M, Tamura R. Human capital, fertility, and economic growth[J]. Journal of Political Economy, 1999, 6.

Belzil C, Hansen J. Earnings dispersion, risk aversion and education[J]. IZA Working Paper Number 513, 2002

Benabou R. Tax and education policy in a heterogenous-agent economy: what levels of redistribution maximize growth and welfare[J]. Econometrica LXX, 2002

Ben-Porath Y. The production of human capital and the life cycle earnings[J]. Journal of Political Economy, 75 August, 2000

Bratsberg B, James F R. The impact of host-country schooling on EARNINGS-A study of male immigrants in the united states[J]. Journal of Human Resources, 2002, 37(1)

Brown J, Rosen S. Taxation, wage variation, and job choice[J]. Journal of Labor Economics, 1987

Brunello G, Simona C. Education and earnings growth: evidence from 11 european countries[N]. Fondazione ENI Enrico Mattei Working Paper, No. 00-29, 2000

Card D. Earnings, schooling and ability revisited[J]. Research in Labour Economics, 1995

Caroli E, Garca-Penalosa C. Risk aversion and rising wage inequality[J]. Economics Letters, 2002

Caselli F, Wilbur J C. Cross-country technology diffusion: the case of computers[J]. America Economic Review, Papers and Proceedings, 2001, 91(2)

Chen H S, Bu W. Empirical research on effect of value added tax transition on R&D investment of China's Hi-tech industry[M]. Proceedings of the International Conference on Technology Management and Innovation, TMI 2010, ASME Press, 2010: 115 – 118

Chen S J, Hu P. A study of the relationship between corporate social performance and employees' contextual performance-under the framework of internal stakeholder[M]. Proceedings of 2010 International Conference on Management by Department of Management Sciences, National Natural Science Foundation of China. Hefei University of Technology Press, 2010: 775 – 782

Chen W Z, Li J Z. Human capital pricing model in aviation manufacture industry[M]. The 2nd International Conference on E-Business and E-Government, ICEE, 2011: 368 – 371

Chen Y, Zhao F Q, Qin Y J. Research on dynamic motivation of knowledge workers based on career-life-cycle theory[M]. Proceedings of the 5th International Conference on Product Innovation Management, Hubei People's Press, 2010

Cheng W, Wang J G, Lv W W, et al. Empirical study of individual influence on team knowledge sharing[M]. The 2nd International Conference on E-Business and E-Government, ICEE 2011, 2011: 300 – 304

Deng J, Zhang T, Li M. Empirical study of microscopic mechanism of intellectual property strategy system-based on data testing of listed companies[M]. The 2nd International Conference on E-Business and E-Government, ICEE 2011, 2011:305 - 308

Deng L Z. Research on knowledge management process and performance evaluation of product innovation talents[M]. Proceedings of the 3rd International Conference on Product Innovation Management, Hubei People's Press, 2008:72 - 76

Duan Y L, Yang Y, Xiang G. Study on enterprise's mechanism for realizing sustainable technological innovation[M]. Proceedings of the 3rd International Conference on Product Innovation Management, Hubei People's Press, 2008:448 - 451

Green W H. Econometric analysis[M]. Prentice-Hall Inc. New Jersey, 1993

Guo H B, Wang S M. Establishment and evaluation of entrepreneur's wisdom model[M]. Proceedings of the 3rd International Conference on Product Innovation Management, Hubei People's Press, 2008: 341 - 344

Guo X B. The effect analysis of school-enterprise cooperating innovation in enhancing industrial competitiveness [J]. Proceedings of 2010 International Conference on Industry Engineering and Management, M&D Forum, March 2010:549 - 553

Li C J, Ge J T. The study about strengthening mechanism and countermeasures for psychological contract of knowledge worker[M]. Proceedings of the 3rd International Conference on Product Innovation Management, Hubei People's Press, 2008:475 - 480

Li L H, Yue F F. Research on synergy process & mechanism of technology innovation in industrial clusters[J]. Proceedings of 2010 International Conference on Industry Engineering and Management, M&D Forum, March 2010:415 - 419

Li P, Li L X. Network learning: the effects of trust on entrepreneurs' explorative and exploitative learning[M]. The 2nd International Conference on E-Business and E-Government, ICEE, 2011: 454 – 456

Li X A. Research on the reciprocal mechanism between industry structure and employment structure[J]. Proceedings of 2010 International Conference on Industry Engineering and Management, M&D Forum, March 2010: 559 – 563

Li X F, Lu X Y. The negative effect of high turnover of senior executives-the case study of duck electric Co[M]. The 2nd International Conference on E-Business and E-Government, ICEE 2011, 2011: 1 – 4

Li Y, Wang T T. Effect of incentive pay on employees' negative behaviors: the moderating role of organizational commitment[M]. The 2nd International Conference on E-Business and E-Government, ICEE, 2011: 263 – 266

Li Z H, Liang D. Study on multi-national competitive strategies of CME in global value chain from evolutionary game theory[J]. Proceedings of 2010 International Conference on Industry Engineering and Management, M&D Forum, March 2010: 193 – 197

Li Z H. How to upgrade the relative validity of inputs and outputs for the scientific and technological talents in EMI in Wuhan[M]. The 2nd International Conference on E-Business and E-Government, ICEE 2011, 2011: 364 – 367

Li Z H. Sequencing and policy effects of the factors influencing innovative performance of the high-level talents in Wuhan[M]. Proceedings of the International Conference on Technology Management and Innovation, TMI 2010, ASME Press, 2010: 247 – 250

Liang D, Li Z H. Study on the models of the adaptive strategy innovation for the family business[J]. Proceedings of 2010 International Conference on Industry Engineering and Management, M&D

Forum,March 2010:352 - 357

Liu H F,Yang J J. The effect of R&D teams' strategic behavior of coope-ration and competition on performance: the relative absorptive capacity as moderator[M]. Proceedings of 2010 International Conference on Management by Department of Management Sciences, National Natural Science Foundation of China, Hefei University of Technology Press,2010:613 - 622

Liu H,Liu J,Zhai Y H. Thoughts about policies and measures for the integration of human resources development in regional economic development[M]. Proceedings of the 5th International Conference on Product Innovation Management, Hubei People's Press, 2010: 1161-1164.

Liu K. Study on the construction of chinese technological innovation ability based on knowledge management[J]. Proceedings of the 3rd International Conference on Product Innovation Management, Hubei People's Press,2008:691 - 694

Liu L,Chai H Q. Based on the balanced scorecard: performance evaluation of knowledge workers[M]. The 2nd International Conference on E-Business and E-Government,ICEE 2011,2011:129 - 132

Lucie G. Unions and training: a study based on the adult education and training survey[J]. Education Quarterly Review,2003,9(1)

Luo L. Efficiency index: new thinking of strategic innovation performance evaluation[M]. The 2nd International Confe-rence on E-Business and E-Government, ICEE 2011,2011:279 - 282

Ma L,Yue F F. Industrial clusters' talents agglomeration effects on high-tech enterprises' innovations[M]. The International Conference on E-Product, E-Service and E-Entertainment,IEEE eXpress Conference Publishing,2010:1131 - 1134

Mike F W,Managing knowledge workers[J]. Human Resource Management, 2002,47(5):124 - 125

Qing J, Cheng S C. Thinking on talent quality evaluation in human resource management[M]. Proceedings of the 3rd International Conference on Product Innovation Management, Hubei People's Press, 2008:409 - 412

Rauniar R. Knowledge integration in integrated product development: the role of team vision, mutual trust, and mutual influence on shared knowledge in product development performance [J]. ProQuest, Digital Dissertation, 2005

Ruan G X. Study on team knowledge transfer based on integration of social capital and social cognition[M]. Proceedings of the 5th International Conference on Product Innovation Management, Hubei People's Press, 2010:1082 - 1085

Shi Y X. The innovative career administration to intellectual staff based on psychological contract[M]. Proceedings of the 3rd International Conference on Product Innovation Management, Hubei People's Press, 2008:1254 - 1258

Taber C. Tax reform and human capital accumulation: evidence from an empirical general equilibrium model of skill formation[J]. Advances in Economic Analysis & Policy, 2002

Tai L, Zhao T J, Li D Q. Knowledge-Driven Product Innovation Design [M]. Proceedings of the International Conference on Technology Management and Innovation, TMI 2010, ASME Press, 2010:167 - 170

Tang H X. Knowledge diffusion based on social relationship network [M]. The 2nd International Conference on E-Business and E-Government, ICEE, 2011:413 - 418

Tao C Q, Liao L. A study on the licensing strategy of IT firm's innovator [M]. Proceedings of the 3rd International Conference on Product Innovation Management, Hubei People's Press, 2008:326 - 329

Wang J G, Peng J F, Fan C H. Empirical analysis of talent growth platform based on science of personnel[M]. The 2nd International Conference on E-Business and E-Government, ICEE, 2011: 291 – 294

Wang Qi, Guo X L. Countermeasure and integration of techno-innovation and industry structure in China[M]. The 2nd International Conference on E-Business and E-Government, ICEE, 2011: 212 – 215

Wang X W. Comment and critical analysis of labor relation theories-reflection of labor relations and labor legal relations[J]. Proceedings of 2010 International Conference on Industry Engineering and Management, M&D Forum, March 2010: 517 – 521

Westwood R, Sparrow P, Leung A. Challenges to the psychological contract in Hong Kong[J]. International Journal of Human Resource Management, 2007, 12(4): 4621 – 4651

Wu S P. Analysis on Hi-tech spearheading development of traditional industries[J]. Proceedings of 2010 International Conference on Industry Engineering and Management, M&D Forum, March 2010: 494 – 498

Xiang Y, Diao Z F. Research on push approaches of corporation strategic innovation[M]. Proceedings of the 3rd International Conference on Product Innovation Management, Hubei People's Press, 2008: 350 – 353

Xie L H, Cheng X. Heart and brain system of team management[J]. Proceedings of the 5th International Conference on Product Innovation Management. Hubei People's Press, 2010: 1179 – 1182

Xie Y H, Pan X L. An empirical study on labor relations and staffs' job performance in enterprises[J]. The 2nd International Conference on E-Business and E-Government, ICEE, 2011: 82 – 85

Xue Y. Empirical study of the effect of Chinese industry structure change on energy consumption[J]. Proceedings of 2010 International Conference on Industry Engineering and Management, M&D Forum,

March 2010:503 – 507

Yan X F. Research staff technological innovation in enterprise and construction of the appraisal system of staff innovation[J]. Proceedings of the 3rd International Conference on Product Innovation Management, Hubei People's Press,2008:504 – 510

Yang A J. Analysis on collective learning in industrial clusters from the perspective of knowledge management[J]. The 2nd International Conference on E-Business and E-Government, ICEE, 2011: 102 – 106

Yang J,Ai D,Mu R Y. Analysis and policy of the input in independent innovation of Chinese manufacturing industry[M]. Proceedings of the 3rd International Conference on Product Innovation Management, Hubei People's Press,2008:595 – 603

Yang W, Ye G. An investigation into the externalization of knowledge creation in an organization[M]. The 2nd International Conference on E-Business and E-Government, ICEE,2011:90 – 92

Zhang D J. Creating environment for technological innovation, proceedings of the 3rd international conference on product innovation management[M]. Hubei People's Press,2008:819 – 823

Zhang Q W, LI Z Y. Evaluation on training quality of henan electric Power Co. Training Center based on markov chain[M]. Comprehensive Evaluation of Economy and Society with Statistical Science, Aussion Academic Publishing House,Sydney Australia,2010:475 – 479

Zhang Q,Liu Z Y. Study on the learning process of enterprise strategy innovation ecosystem [M]. Proceedings of the 3rd International Conference on Product Innovation Management, Hubei People's Press,2008:365 – 369

Zhao H P,Lin J F. Human capital and technological innovation in high-tech companies[M]. Proceedings of the 3rd International Conference

on Product Innovation Management, Hubei People's Press, 2008:
150 - 154

Zhou Y F. Study on technical innovation mode of knowledge enterprises
and the government promotion policy in China[M]. Proceedings of
the 3rd International Conference on Product Innovation Manage-
ment, Hubei People's Press, 2008:259 - 265

Zhu X M, Zhang J L, Jiang K M. Study on psychological contract charac-
teristics of the talent in high-tech enterprise[M]. Proceedings of
2010 International Conference on Management by Department of
Management Sciences, National Natural Science Foundation of
China, Hefei University of Technology Press, 2010:793 - 799

Zuo Y H, Du Z W. The formation, life-cycle and technology innovation
strategy of Chinese industry clusters[M]. Proceedings of the 3rd
International Conference on Product Innovation Management,
Hubei People's Press, 2008:726 - 731

策划编辑：张　华
责任编辑：段连秀
封面设计：魏少雄

ZHONGGUO ZHIZAOYE
CHUANGXINXING
RENCAI SHENGTAI
KAIFA TIXI YANJIU

ISBN 978-7-5625-3307-8

9 787562 533078 >

定价:38.00元